不焦虑的父母，更自由的孩子

崔璀——著

中国华侨出版社
北京

图书在版编目（CIP）数据

不焦虑的父母，更自由的孩子 / 崔璀著. —北京：
中国华侨出版社，2018.3
　ISBN 978-7-5113-7356-4

　Ⅰ.①不… Ⅱ.①崔… Ⅲ.①家庭教育－通俗读物
Ⅳ.①G78-49

　中国版本图书馆CIP数据核字（2018）第013857号

　　不焦虑的父母，更自由的孩子

著　　者：崔　璀
出 版 人：刘凤珍
责任编辑：王　羽
经　　销：新华书店
开　　本：880mm×1270mm　1/16　　印张：15.5　　字数：172千字
印　　刷：三河市文通印刷包装有限公司
版　　次：2018年5月第1版　2018年5月第1次印刷
书　　号：ISBN 978-7-5113-7356-4
定　　价：45.00元

中国华侨出版社　北京市朝阳区静安里26号通成达大厦3层　邮编：100028
法律顾问：陈鹰律师事务所
发 行 部：（010）82068999　　传真：（010）82069000
网　　址：www.oveaschin.com
E-mail：oveaschin@sina.com

目 录

CONTENTS

上篇　我是妈妈

下篇　我是我自己

推荐序

妈妈不必完美，但请尽兴

李筱懿

我和崔璀的关系很复杂。首先，我们是好朋友，不用天天寒暄，但有事一定会彼此照应。我不想用"闺密"这样太热闹的词来形容我们的关系，因为过度热烈，也意味着脆弱和不够持久。其次，她是我公司的投资人和董事，虽然比我年轻，却在自我管理和商业运营中经验丰富，让我叹为观止，从她身上我也学到了很多。最后，她是我的同行，我们都开了自己的课程，经常讨论女性成长的话题。当然，我们都是努力让自己和孩子充分绽放的妈妈。

如果你想了解"妈妈"这个职业，希望学习当妈妈的世界观与方法论，欢迎打开崔璀的这本书——《不焦虑的父母，更自由的孩子》。

如果你没有当妈妈，或许永远不会知道别人家的妈妈是那么完美：她们会烘焙，做出来的蛋糕足以放进五星级酒店的甜品橱窗；她们会做手工，剪的纸、捏的黏土、做的陶器几乎能够申请世界非物质文化遗产；她们会做各种各样特别难的菜，每一个都能让你想到《舌尖上的中国》；她们每天观看孩子做早操，不像有的妈妈匆匆把宝贝送进教室，在脸蛋上亲一下，就一路小跑赶去上班；她们看起来优雅从容，永远装扮得体，站在学校门口，等着孩子扑到自己怀里。

和她们相比，你既羞愧又焦虑，总想不顾一切地迎头赶上。

但是，每个女人对自己人生的规划不同，优点和特点也不一样，用得着那么勉强自己和别人一样吗？在"妈妈"这个领域，用得着拿自己的短处与其他人的长处比较，然后得出一个特别糟心的结果吗？

我们能不能坦然接受自己的不足，也引导孩子接受我们的不足，不要患得患失，害怕失去孩子的仰视，害怕自己不够称职呢？

包括亲子之情在内的很多情感，都是建立在真实自我的基础上的，老老实实还原自己的本来面目，既不刻意表现优点，也不卖力掩饰缺点，更不要为了讨好谁而做自己原本不擅长的事。

生活是一场马拉松，所有不舒适的姿势都坚持不了太久——犹如靠迁就和透支换来的感情，都跑不完全程。

在这本书里，崔璀用特别棒的方式告诉大家：妈妈怎样在适当的时候给自己加压，在必要的时候为自己减压。

我们都知道，人生中的各种角色都不会完美，只要尽情尽兴投入其中就行。

我相信，这是一本让人读完豁然开朗的书。

我为我的朋友崔璀感到特别骄傲！

推荐序

面对焦虑，最好的解药是真实

李松蔚

　　市面上讲育儿的书很多。即使没时间看书，打开手机上一上网，也遍地是教你如何为人父母的文章。大部分是规则和训诫：不能这样，不要那样；爸爸该怎么做，妈妈不能做什么；孩子是父母的镜子；父母是孩子最好的老师；孩子出现这三个信号，小心，说明你养得不对……这些道理，我们看了很多。

　　看得多，不代表自己做得到，而且心里很焦虑，总担心哪里有问题。"80后"是这样的一代：我们是孩子的时候，我们焦虑自己不是"别人家的孩子"。今天我们初为人父、初为人母，又开始害怕自己不是"别人家的父母"。

　　伊坂幸太郎说的"一想到为人父母居然不用经过考试，就觉得真是太可怕了"在网上广为流传。我想补充一句："一想到那么多人同意为人父母要经过考试，也很可怕啊。"说实话，考试很让人头痛，尤其是还没有考纲、题库、重点和参考答案，而我们就稀里糊涂地当了父母！这些年我们渐渐意识到，为人父母需要承担很大的责任，稍不注意就会犯错，说不定会影响孩子的一生。这些警告来得晚了，我们已经当了父母，怎么办呢？都不确定自己能不能考试及格！

考试的威严，真是浸入了一代人的骨髓里。

我自己也是一个"80后"，为人父。在我目力所及，很多同龄人正在努力学习、提升自己，力图成为"不那么不合格"的父母。正如"80后"的大部分人的人生体验一样，他们焦虑，时刻自我怀疑。焦虑在这里不是一件好事。我坐飞机时看到过年轻的父母哄哭闹的幼儿睡觉，一边哄，一边慌乱地看身边乘客的反应，急得满脸通红。他们的急躁完全体现在语气和行为上，孩子哭得更响了。

难道他们真的不会哄孩子吗？那是父母的本能。假如他们没有那么焦虑，假如多一点时间和空间，他们就可以自然而然地和孩子达成默契。

焦虑反倒限制了他们。这本书就是为这些人准备的。

它不是教我们"应该"怎么做，而是告诉我们实际情况"是"怎么样的。这是一本真诚的书，它反对一切不切实际的"应该"，在这个语境里，一切都是自然而然的。崔璀作为一个年轻的母亲和一个善于学习的内容生产者，在她刚刚成为妈妈的那段时间里，看了市面上所有能买得到的养育类读物。在这本书里，她记录了在自然而然的养育过程中，她对这些内容的体验与反思。

我们一起创办了 Momself 这个平台。我是她相当早期的读者，这本书的很多文章在最初写成的时候，带给我相当深切的共鸣。有时候，个体的经验或许不能作为某种普适的结论而存在，却体现了更鲜活的情感和生命。

我遇到过很多跟她同样的问题，也在看到很多规章戒条时有过类似的困惑。看到一个如此自律、如此善于学习、社会经验如此丰富的职场女性，对于当父母这件事也会感到手忙脚乱，说实话，让我心里多少有了点安慰。可能我对她的"功能"也差不多。小核桃刚上幼儿园的时候，她问我："家长该怎么应对分离焦虑？"我刚想一本正经地跟她讲心理学的理论，她却说，"你就说吧，你当年应对得怎么样？"我实话实说："不怎么样。"她说："谢谢你，我感觉已经好多了。"

面对焦虑，最好的解药就是真实。

这本书就是对点滴真实经验的记录。读这本书的过程中，你会经历真正的学习，不是学习完美的、理想化的父母应该是什么样子，而是跟着崔璀一起，在现实处境中学习应对那些不可控的事。有些事她做得不错，有些事她也不擅长，或者你有不同的办法来应对。这都没什么好焦虑的，这就是我们的本来面目。

Momself 有一个口号：关注真实而非正确。希望这本书能让更多的同龄人看到彼此的真实。在所有人——包括我们自己——都拼命追寻更好的未来的时候，我们联合起来，成为彼此的依靠。少一点焦虑，会让我们走得更好。

2018 年 3 月于清华园

自序

我是妈妈，我是我自己

　　成为妈妈，是我迄今为止最丰富的经历。那个小小的生命，仿佛具有巨大的能量，唤醒我们内在的小孩、搅动沉睡的家庭关系、挑战我们习惯的生活和身份。与他相伴的过程中充满烦琐、细碎、绵密，也充满惊喜、惊讶和惊吓。

　　在这些不安和好奇中，我不断寻求外部的信息，关注了几乎所有育儿公众号，做足了功课。作为一个训练有素的职业女性，制定方案和效率达成是解决问题的不二法宝，即使如此，我也会常常措手不及、困惑重重，总是充满了缺失感。比如：

　　"担心产后的身材走样"：6 种产后快速瘦身的秘籍；

　　"有了孩子以后夫妻关系不如从前"：7 个适合全家一起玩的亲子游戏；

　　"知道这些，宝宝远离感冒发烧"：孩子发烧的 8 种家庭护理方法；

　　……

它们解决了一部分问题，但不知为什么，我觉得这些只是触及了问题的表面，问题背后还有一些潜在的深层因素，没有人看到，也没有人关心。

我常常想，这种缺失感到底从何而来？

前几天，我出差接近一周，一直东奔西跑，日程排得满满当当，累得上气不接下气。一天吃完工作餐，得空跟小朋友视频。

"妈妈明天就要回家啦，你高兴吗？"

"不——高——兴。"有点儿出乎我的意料。

"你不高兴啊，那妈妈明天不回去了哦。"我尽力隐藏内心的失落。

"可——以。"他完全不吃威胁这一套。

"啊？可以吗？我不回去你就没有妈妈了哎！"

"没——关——系。"

……

瞪着屏幕上那个肉嘟嘟的小脸，我一时间不知道该怎么办。

"只是小孩子随口说说，你跟他计较什么！"脑袋里有个理智的声音在说。如果有育儿专家在，或许会告诉我："这是孩子在应对他的分离焦虑，他坚持说不想，只是因为他离开你这么多天太难过。"道理我都懂，而且就在我的心里。如果我有女友遇到这种情况，我也可以拿出同样的道理来安慰她。

但在那一刻，所有的道理都帮不了我。作为一个"功能良好"的社会人，我可以一笑置之，迅速回归工作状态。但我知道我把一些情绪压到了心底，它绵密纠缠、难以化解。在内心很深的地方有种感觉：那份难过跟孩子无关，那是我自己的。

对于每一个妈妈来说，这是一个再平常不过的场景。这些私人的感触，无处不在，却又不足为外人道，像小小的鹅卵石，日复一日地投入那条在身为妈妈的日常生活中平静流淌的长河，一颗颗落入河底，带着难以索解的深意。

我看过一个短视频，是关于如何培养孩子的独立性的。讲述者是一位生活在国外的写作者，她很美，阳光洒在她的长睫毛上，有阴影打在脸上。她有两个混血小孩，一家人站在一起，是一幅画。

她讲述育儿理念，从孩子很小的时候，她就培养他们独睡，不管婴儿如何在房间哇哇哭，她都硬着心肠坚持。她会去哄，陪一会儿，可是，最终她会离开那个房间，他们必须独自入睡。

我看这个视频的时候，儿子已经快两岁了，是一个平常的入睡前的夜晚。我们一家三口散落在大床上的各个方位，横七竖八。儿子嘬着奶瓶跷着二郎腿揪着我的头发。他每天醒来第一眼就要看到妈妈，否则会瘪嘴——他的独立性会不会已经被我毁掉了？我有点儿焦虑。

我跟我后来的合作者——心理学家李松蔚聊这个问题，他并没有给我一个结论，只是重新看了那段视频，看到那个妈妈说："我从小是跟外婆一起长大的，一直跟她睡在一起，这使得我上大学的时候非常痛苦，大一有一段时间我夜不能寐……"李松蔚说："或许她只是太害怕当年与外婆分开的痛苦了。"

我愣了愣。

屏幕上的漂亮女人仍然在讲她的理念、她的坚持，然后她笑了一下，笑容很复杂，有一些成就感，有一些轻松，也有一些遗憾和抱歉。

我忽然有点儿心疼，想着听到隔壁传来哇哇大哭声的那些夜晚，同样作为一个妈妈，我想拥抱她一下。

我的一个女友是一名资深编辑，逗趣、搞怪、文艺，是个丰富的人。跟她聊天，10句有8句不正经，总是让人哈哈大笑。说起当妈妈，我问过她一个问题："有没有哪一刻，你曾经有过'我也许不是一个合格的妈妈'这种念头？"

她忽然就严肃了。明明上一刻还在酝酿一个精彩的笑话。

"不是哪一刻，而是'好多时刻'：控制不了自己情绪的时候；费力做了牛肉炒饭，然而人家不要吃的时候；加班不能回家照顾她的时候；周末终于能陪她，她兴奋得大叫的时候；陪着她，自己却满肚子埋怨的时候……这种念头，通常只能靠自我安慰敷衍过去：'啊，那个谁谁还把孩子送回老家了呢！''那个谁谁的孩子才1岁多就去外地工作了呢！''那个谁谁从来都不会做饭呢。'"

她说，Loser妈妈就是这样。她给自己的定义是"Loser妈妈"。对应的是"产后30天练出马甲线的妈妈"，"80天带孩子环游世界的妈妈"——你看看人家当妈的！

她说，如果可以，想看到平凡的妈妈面对困境时究竟会怎么想、怎么做。

心里的那份缺失感渐渐清晰。

我关注的多数内容有一个共性，大多从"怎样做一个好妈妈""如何养一个健康的／优秀的／省事的宝宝"等角度切入，把妈妈功能化为一个养育工具，却很少真正关注"妈妈"自己——一个独特的、困窘的、正在完成自我，却总被贴上各种标签的女人。

成为妈妈，是女性人生中最重要的时刻之一，是我们过去的延续、未来的开始。一个女人同时面对角色转换、养育身份、自我认知、家庭关系等复杂而系统的问题，而它们真正的内核只有一个——妈妈自己。因此，我和我的团队创建了一个公众号：Momself——我是妈妈，我是我自己。

我们邀请了心理学专家、育儿专家、教育专家、社会学家、媒体人……试图从不同的角度帮助我们理解一个女人成为妈妈的过程。他们提供了很多有趣的也很有帮助的视角，但最终我们发现，最有发言权的还是妈妈自己。

在这里，我们找了很多妈妈聊天。聊那些养育过程中最普通的话题：聊与孩子的分离；聊夫妻关系；聊职场妈妈和全职妈妈；聊隔代养育和过度管教；聊那些最崩溃和最幸福的瞬间；聊重温和期待；聊面对各种困境时最真实的感受和做法……它们反映了成为妈妈之后的日日夜夜，但是我们用一个全新的角度去看待这一切的时候，会看到很多感动、困惑、领悟、泪水和欢喜。

在这里，我们关注真实而不是正确，关注个体而不是群体。

在这里，我们用各种内容和形式传递理念和价值观，理解和释放作为妈妈的情感和欲望——因为被理解，我们将会更紧密地联结在一起。

不做被定义的妈妈。这一次，我们来定义妈妈。

▼

上篇
我是妈妈

写给3岁小孩的一封信
给予的正确目的在于让接受者脱离需要的境地。

亲爱的小核桃：

春天来了。

因为你，3月成为一年中格外特别的季节。3年前的这个季节，你"咣当"一声掉进了我们的生活，从此，"烟花三月""万物复苏""春回大地"……这些词语对我而言又多了一层欢喜。

这3年，我好像也跟着重新长了一遍。每每蹲下来，跟你平视，不断"发现"你，和你"探讨"，向你"展示"，给你"灵感"，和你一起"学习"的时候，都能感觉到，你也在"发现"我，给我"灵感"，向我"展示"，带我"学习"。

你是世间的瑰宝，不仅自己如夜空星芒，更有奇妙能量，把身边的人也化作宝藏。

我在这个宝藏中看见自己，诚惶诚恐。

我要写一封信，向你汇报一下与你在一起的这些时间里我的变化。

看着你睡着后的脸蛋，觉得你好像一夜长大了。你每前进一点，似乎都在提醒我时间的真相。诚实地说，妈妈这个角色，并不是常常怀有喜悦。其中最常有的一个挣扎便是，放开你的手，接受从你身边"引退"。

你我曾是一个整体，你在我肚子里，陪我开会、出差、睡觉、发呆。我生下你，满心欢喜，因为你是我的小孩，我不曾担心你会离我远去。

真的是这样吗？当——然——不——是——的。

第一次意识到你不再"天然"属于我，是在你刚出生没多久。傍晚时分，总是哇哇大哭的你被月嫂阿姨抱进怀里，忽然就安静了。大家说，因为阿姨抱得更舒服。"原来，我已经不是你唯一的选择。"我心里想。

后来我回去上班，与你相处的时间越来越少。有一次你发烧，挣扎着从我怀里扑向姥姥。你因为生病难受大哭，我因为你的挣脱而流泪。我试着去理解，白天你大段时间跟姥姥、姥爷在一起，饱受呵护，你生病难受之时，自然也需要被精心照顾的感觉。

但是我消化不了"本能"上的失落。

也是在这个过程中，我逐渐学会去做一个诚实的人，看见自己的需要。我蹲下来，告诉你："你生病难受，妈妈很想陪着你。"你一个人玩耍被打扰的时候，会跟我说"你走开"，姥姥马上制止："你怎么这么没礼貌呢？"哦，不不，亲爱的小核桃，你当然有权利保护自己独处的时间。只是我想告诉你，"妈妈也很想跟你一起玩"。

说出这句话的瞬间，我变得轻松很多。有时候你歪着脑袋想一想，会答应我，自然也会有拒绝我的时候。但是没关系，我只是想诚实地告诉你我的需要。

你也许会觉得奇怪。"这很难吗？我刚出生就会啊。"饿了就哭，不想要就说"不"，遇到喜欢的，就会说"给我吃一点好不好"，被拒绝之后，又会说"就一点点"，还是不行，就大哭。

一气呵成。

可是宝贝，不知道为什么，好多大人都失去了这个能力。

爸爸妈妈之间也经常这样啊，你听到爸爸说："你总盯着手机，每天都让小核桃跟着你睡那么晚。"其实他想说的是："老婆，每天多给我们一个小时，不要老是埋头工作。"姥姥总是说："他还小，怎么可能自己吃饭啊。"你猜，她真正想说的是什么？是的，你的衣袖、裤子说话间就短了一截，她已经看到了你的日渐独立，她在说"我希望他多依赖我一段时间"。

其他小朋友的妈妈有时候会说："我不能带他参加你们的聚会，他太调皮。""他太不合群，跟其他小朋友交不了朋友。"你听得出来吗？那句话的意思是："只有跟我在一起，他才能乖一些。我不舍得放他出来。""他需要我帮他，才可以变成开朗的孩子。"

但我们意识不到我们需要，这也就罢了，可气的是，有时候我们这些大人意识到了，也拒绝承认。

你也许会问，为什么这么复杂？

我猜想呢，是因为我们这些大人啊，太想通过"被需要"来确认自己的价值，获取安全感。为了能让自己总是"被需要"，我们常常让关系中的另一方始终处于需要的境地，要么就是不断给他创造"假的需要"。

比如，"你还太小，怎么可以进厨房！""哎呀！我来我来，你肯定做不好的。""你总是这么丢三落四，什么都要问我。"

这些话，是不是都很熟悉？从你出生到现在，估计听了得有成百上千遍吧。我们用训斥的、责怪的口气，有意无意传递着"你需要我"的信号。

"给予的正确目的在于让接受者脱离需要的境地"。这是我曾经喜欢的一个作家说的。他叫 C.S. 刘易斯，是一个信仰基督教的怪叔叔，我们以后会一起看他写的那本《纳尼亚传奇》。我喜欢他的这句话，虽然他半辈子都很气自己的《纳尼亚传奇》不如好友的《魔戒》三部曲受欢迎。

在承认自己的需求之后，"引退"是我借由你而生发出的另外一种能力，也是你带给我的又一份礼物。

我们抚养你，为的是你不久能自食其力；我们牵着你的手看世界，为的是你很快就无须我们牵引。

小核桃，我要承认，它有一点儿难。因为爱的本能跟"放手"是冲突的。爱的本能是希望你幸福，但也希望那份幸福是完全由我带来的。

这种本能非常强烈，多数时候，它拒绝引退，于是生活中常常会出现所谓的"情感绑架"。

有一天，我不小心吃光了你喜欢的葡萄干，懊悔不已，因为头一天晚上我们明明说好要一起吃的。那是很大粒的葡萄干，你每次都用两只小胖手抓一大把，塞满一嘴。去姥姥家接你的时候，我有点儿不安。"喂，小核桃，跟你说件事儿哦。"

"嗯。"你停下手中的玩具。

"我把你喜欢的葡萄干给吃光了。我就一边写东西一边吃，没意识到，就吃光了。对不起……"我有点儿慌张，做好你会不高兴的准备。毕竟，谁要是把我喜欢的零食吃个底儿朝天，我也是会大叫一番的。

你想也没想，说了一句话："没关系，我今天不想吃葡萄干了。如果我再想吃的话，妈妈会给我买的。"

逻辑清晰，情绪稳定。从来不知道，原来一个 3 岁的小孩子是可以如此独立和成熟。

你一转头，继续跟姥爷踢球去了。你笑的声音，像钻石发出的光芒。

那一刻，我忽然意识到，你值得拥有这世间一切美好的东西，独立且幸福，拥有健康、快乐和丰富的生活，而那一切美好里，会包括我，但一定不全都是我。

也就在那一刻，我感受到了一种更高层次的爱的介入，它帮助我驯服了"占有"的本能。这种爱希望你获得幸福，而不是计较幸福来源于何处。

我已经做好了某种准备：当我能够说出"他不再需要我了"的那一刻便是生活对我的奖赏。如果说，你我同行的这段路，有什么所谓带有意义的目的，那么我的目标就是让自己成为多余的。

飞机要降落了。3 年汇报止于此。在我出差的这三四天，你也许偶尔会问："妈妈呢？"但多数时候，你的眼睛会看向整个世界。

我爱你，亲爱的小孩。生日快乐。

你的不太靠谱但还算努力的妈妈

谎言是最真的真话
你是否听到了我的纠结、委屈和无奈？

有一次开会，聊到了"撒谎"这个话题。我们的视频总监最近正好因为这个问题而苦恼："我问我女儿刷牙没，小朋友居然说刷过了！"

她女儿养乐多，今年3岁，一双眼睛很大，跟小动物的一样。

你问她叫什么名字，她很顺溜地回答你："我叫养乐多，酸酸甜甜就是我。"

"后来我发现她根本没刷牙，她竟然会撒谎了！"视频总监说这些时也是瞪大了眼睛，"她这么小哎，真是觉得再也不敢相信她了！"

我们都笑她太夸张了："多多还是个孩子呢。"

"对啊！一个纯真无邪的孩子跟我撒谎了呢！"看得出，即使她不觉得刷牙是件大事儿，她还是很介意"撒谎"这件事的性质。

我小时候第一次被定义为"撒谎"，是偷偷拿了姥姥家存钱罐里的硬币，去学校门口买贴纸。被舅舅看到了，我说是别人给的钱。舅舅看我面红耳赤，很快就问出了真相，告诉了我妈妈。

我还记得妈妈是从单位"弹"回家的，冲进门暴雨狂风般打骂了我一通。那天我吓死了，哭得上气不接下气。他们很少打骂我，最让我害怕的是，我觉得妈妈那天也很怕，她怕我变"坏"了。

我做了一件可怕的事，我想。它让我觉得很耻辱。

"撒谎有什么可怕的？谎话也可以是最真的真话嘛。"李松蔚老师总在我们一通瞎聊之后才开口，负责让我们不明觉厉，又陷入沉思。

听到这句话的时候，倒是有点儿吃惊——我们眼睁睁地看着生活，然后发现自己永远只是在看我们想看到的那部分。

"什么意思啊？"我们问他。

"不是吗？撒谎也是孩子的表达方式。"他总能把这些歪理说得天经地义，"每句谎话都是有诉求的，那个诉求就是真的。"

"什么意思啊？所以撒谎就是对的吗？"

"当然不对，要教育她不能这样。"

我松了一口气："对嘛，还不是……"

"问题是，"李老师话锋一转，"你们的教育她听见了。她想表达的声音，你们听见了吗？"

我又愣了一下。

如果我们去问养乐多："你明明没有刷过牙，为什么要说自己刷了呢？"

　　她也许会眨着大眼睛告诉我们："因为刷牙很无聊啊。""因为牙膏太辣了啊。""因为平常你都不跟我玩啊，如果我不好好刷牙，你就会多花一点时间在我身上。"

　　最后一句是我编的。虽然我们都知道，那是真的。

　　如果有人问小时候的我："为什么要撒谎？"

　　我应该会说："因为我想买贴纸，它们太好看了，花花绿绿的，每次放学路过那里，我都没办法不停下来看一会儿。"

　　"要钱就说，为什么要撒谎？"

　　"因为你们说买贴纸是浪费钱，浪费钱是不对的。"

　　"那你就学会撒谎了吗？"

　　你看，我们陷入了一个死循环，只要你揪着一个字眼不放的话。

　　如果撒谎没有在我们脑海里被定义为洪水猛兽，那么，在家长告诫我不可以这么做的同时，他们会听到我发出的一个真实的声音："我想要一个东西，我不敢告诉你们，可是我真的好喜欢它。"

　　他们本该听到我的纠结、委屈和无奈。

　　谎言是真话，只是有时候我们不去听，被"撒谎"两个字给吓到了。

　　男女之间，怎么作都可以，可以一天要求对方说 180 次"我爱你"，但唯独不能"骗人"，一骗人，性质就不一样了。

　　"你怎么不联系我！你都不像以前那么在乎我了！"

　　"没有，我实在是太忙了。"

你知道他其实没有那么忙。可能在谈恋爱的时候，他也忙得晕晕乎乎，但抢时间上厕所、喝水时都忍不住想要听听你的声音。

但如果你说："你骗人！你根本没有那么忙！"

这句话一出来，什么东西都变了。两个人非得撕出一个结果。"你明明就没有那么忙！""我真的忙！你别扣帽子，上纲上线！"

你心里明白，"我实在是太忙了"里面藏了一句真话："我们的关系好像哪里不同了，我的确不想跟你像之前那么腻歪了，可是我又好怕你不高兴，我宁愿找一个借口来转移话题。"可能这句"真话"太难让人接受了，你死咬着"骗人"这件事不放，并因此大发脾气。

哦，撒谎太真实了，我们宁愿不去听那句"真话"。原来给"撒谎"贴一个标签，有可能是我们在保护自己。

晚上回家，我给浴缸里放水，小核桃站在一边，用手拨拉着水花，含混不清地说"要玩小船"。

他喜欢洗澡，因为可以在浴缸里玩小鱼和小船。可是他很不喜欢洗头发，每次都要哭鼻子。

"白天在姥姥家有没有洗头？"我一边给他脱衣服一边问。

好像是没洗，接他回家时姥姥似乎说过。我想起白天讨论的选题，以及那句"谎言是最真的真话"。

他会"撒谎"吗？我看着他。但我并不担心，就算他骗我说"洗了"，我也会想到，这句所谓的谎言背后，他真正想表达的也是："妈妈，你最近对我有点没耐心，我都不敢告诉你我不喜欢洗头了。"

是啊，洗头真的挺难受，洗发水会流到眼睛里。而且，我最近真的有点不耐烦，他一哭鼻子我就说："哎呀……"

也许我该跟他一起想一些让洗头没那么难受的办法吧。我们可以买个洗头椅，躺在上面洗，水就不会流到眼睛里了。

我还是有一点点担心地看着他，等他回答。

他仔细地打量着我，我也微笑地看着他。他伸出了食指，放在嘴边，轻轻跟我说："嘘，这是一个秘密。"

……

你吃穿不愁，到底有什么可难过的？

有时候会对负面情绪充满负罪感。

毛平最近被女儿伤到心了。

小姑娘有一天郑重其事地跟她说："你不是我想要的那种妈妈。"

"她才上小学三年级，应该还不到青春期啊。哎，你说是不是有前青春期这个阶段。"

她试图去找一个"概念"，来证明女儿目前的表现都是有原因的。

"我对她真的很宽容，从小就跟她说，你开心就好，妈妈不要求别的。她成绩不好，我几乎都不说她。结果你看，她现在反倒天天不开心。"

"我对我儿子／女儿没什么要求，只要他／她开心快乐就好。"

你一定经常听到这句话，在大大小小的场合里，它伴随着密集的爱意，以及某种给予"自由"的宽容出现。

"开心就好"，这是一句好话，也是一句祝福。

当然，祝福的意思就是一份心意，我给出来是我的事，你怎么样是另一回事。如果你真的不开心，我很遗憾，但也不会成为一个问题。就像"祝你健康"一样，你送我这句祝福，万一有一天我真的生病了，你难道还会找我算账，"都说了祝你健康啊，怎么还生病"，觉得我不领情吗？

没有人会把祝福当成命令。开心就好的另一面，是不开心也好。我希望你开心，不等于我非要你开心不可。

但有时候，说出"开心就好"这话的人，心里的确把它当成了一个要求。

他们也有委屈："你看我对你也没提什么要求，只是让你开心啊，为什么连这个你都做不到？"

"你吃穿不愁，有什么好难过的？"

"人家孩子都能高高兴兴，你怎么就不行？"

"我对你没什么要求，只要你开心就好。"看上去只是一个最基本的要求，基本到像是生活中其他事情得到满足的前提。

但作为一个"要求"，它就是一个最难的要求。

有时候就是不开心，怎么办呢？想到明天，有时候就是很紧张；被推到不喜欢的人面前，始终挤不出一张笑脸；工作不顺心，就会心情烦躁；感觉不到爱人的体贴，怎么可能不生气……那些难过和沮丧，那些不如意的时刻，从来就不是我们"想"不要就真的会消失的啊。

可是，人家对你什么要求都没有，不用你考试得第一，不用你年少成才，不用你跻身新中产，就只要你开心而已啊！你连这个都做不到，你对得起谁啊！

有时候会对负面情绪充满负罪感。

木楠跟我说，她长到现在，也不敢在妈妈面前哭，只能把眼泪憋在眼睛里，抬头望天空，因为泪水一旦掉下来，妈妈比她的反应还大——"有什么好哭的！怎么人家孩子都能高高兴兴的，你这到底怎么了？"

木楠知道妈妈是出于关心，"可是那种关心好严厉啊，我的伤心，不知怎么变成了一个错误"。

小鹿对童年最深刻的一次记忆，是有一年的春节。跟每一年一样，大人们觥筹交错，每个人看上去都很开心。她只是一个小孩子，听不懂酒桌上的寒暄，觉得除夕的夜晚漫长又无聊，在奶奶的床上睡着了。零点的钟声响起，电视里传来央视主持人辞旧迎新的祝福语，家宴差不多结束了，妈妈喊她穿衣服回家。她睡得热热乎乎的，想到外面天寒地冻，拖拖拉拉不肯动。妈妈大概也累了，不耐烦地说了她几句。本来就别扭了一晚上，她终于忍不住哭了起来。

一下子就变成了众矢之的。

"大过年的，多喜庆，哭什么啊！""哎呀，这孩子，这是怎么了？"叔叔婶婶收拾着饭桌，一边穿衣服，一边"安慰"。

妈妈更着急了。"你没听说过吗？过年哭，哭一年！"她冲着爸爸嚷嚷，"你看你女儿！"

爸爸向来是靠山，拥有把葡萄籽都剔光再给女儿吃的温柔。小鹿听到大家的指责，便哭得一发而不可收拾，一头扑到爸爸怀里。

爸爸一侧身，躲开了。

她心里轰隆一声，忽然就停住不哭了。她一声不吭地穿上衣服，跟着大人回家。

"但是那个瞬间，我记到现在。我意识到，爸妈因为我的难过感到羞耻，他们没办法面对这些。"小鹿说。

小鹿并不觉得这是坏事，至少不完全是。只有这样，她才会长大。

埋怨的情绪，多少是有一点的。但是回头看，觉得本来也是啊，一家人高高兴兴的，你那么大一个姑娘了，就不该照顾一下大家的心情吗？有什么情绪不能收拾起来呢？

小鹿长成了一个大方得体的姑娘。

长大的代价是一点点地跟家人疏离，她说："我现在很少跟爸妈说生活和工作中的不如意。这些年一个人在外地，有一段时间，工作压力大到大把掉头发，好几次哭着哭着睡着了。但是接起爸妈的电话，也都是说一切正常，东拉西扯。最熟悉的陌生人，总是有这种感觉。"

小鹿至少还允许自己一个人哭。

还有的人，甚至把"开心就好"内化到自己心里，即使是一个人的时候，也不允许自己"不够开心"。

我以前有一个下属苏苏，30岁，总是笑嘻嘻的，说自己有最好的老板、最好的同事，说大家都很喜欢她。工作不顺心的时候，身上也满是正能量。直到有一天她告诉我，她一点也不喜欢现在的工作，但是她真的很难开口说"不"。

"你有偶像包袱吗？"我说，"不开心就说啊。"

她立刻改口："我现在就在说啊。"一句话把我噎回去，然后她告诉我，"说完我好多了。"我看着她又像以前一样，笑嘻嘻的，赞美自己有最好的老板和最好的同事。又过了一段时间，她辞职了。

苏苏告诉我，妈妈从小跟邻居夸奖她的说法都是"我家苏苏特别懂事，从来不哭不闹"。她还说："我记得偶尔几次我哭，她会说，你吃得也好、穿得也好，到底有什么好难过的。她这样说的时候，我也觉得自己很讨厌，太索求无度了。"

我跟毛平聊了这些想法，她眼神黯淡，说："是啊，我就是这样长大的，现在，我在用同样的方式对待我的女儿。这种循环，看来是无解了。"

我不这么认为。

有一次家里没人看孩子，我把小核桃带去公司。那天排了好几个会，忙得根本顾不上他。他东摸摸西摸摸，终于忍不住跟我说："妈妈，我觉得好孤单啊。"

晚上吃饭，我把这事儿讲出来，还没来得及赞美小核桃"很会表达"，我妈着急地说："小孩子怎么会用'孤单'这个词啊？有什么好孤单的，别人听到会怎么想啊，我们很开心！"

我的愤怒正要喷涌而出，你怎么可以要求我们每天都开心，每次我有一点难过，你都用更大的情绪压过来，你到底想我怎样！现在你又这样对待小核桃！

这时候，小核桃说了一句话："可我就是很孤单啊，我不开心啊。"说着摆弄着手里的变形金刚。

我为他的坦然感到惊讶。

也是在那一刻，我意识到，每一个生命个体都有自己不同的能量。即使面对同一个养育者，我这样长大，但我的孩子也许会有另外一种轨迹。

至此，我在心底似乎完成了某种告别：这是姥姥爱人的方式，也是她的权利。她爱一个人的方式，是无法面对他的任何难过，她比他还着急，比他还难过。我可以为此苦恼愤怒，也可以微笑点头，心里坦然地说：她没有办法接受我难过，但我就是很难过啊。

我在那一刻放下了"你怎么可以这样"的念头。

我跟毛平说，曾以为远走他乡是与父母的分离，但在那一刻，我才意识到，真正的分离，是在心底坦然接受："你的情绪是你的情绪，我安慰你、在乎你，可是首先，那是你的事情。"

做一个不上进的妈妈，有错吗?

你只是可选项当中的一种。

一

我的儿子小核桃一直口齿不清，我们只当他起步比较晚，有时候觉得可爱，反正家人能听懂他的意思，也就这么过了。

前几天一个朋友来做客，忽然对我说:"我有个同事的孩子也是这样，可能是舌系带短，要去医院做个手术。"

末了他说:"你对孩子也要上点心啊，工作虽然忙，但是孩子的成长不能掉以轻心。"

我愣了3秒钟，下意识地连声道谢。

刚好那天晚上《奇葩说》的辩题是"我没有上进心，有错吗"。颜如晶说:"我现在非常非常有上进心，但是我也非常非常需要'没有上进心没有错'这句话。因为开始有上进心的时候特别容易，但是上进心的尽头在哪里，不知道。我们很努力，可是常常会卡住，这个时候，能不能不要有上进心，只有平常心，只有开心。"

借着那期《奇葩说》，我哭了一晚上。不是因为所谓的舌系带短，一则那个还没确诊，二则手术也很小。

压倒我的，是朋友的潜台词：你这个妈妈，太不上进了。

二

其实，能为这种莫须有的指责流泪，本身也足以证明我的上进心有多夸张。

正因为这份上进心，才会这样为难自己吧。当了妈妈，一颗上进心必须分成两半。

工作十几年，我从一个勤勉的员工，到一个勤勉的管理者，熬夜加班是家常便饭。但是当了妈妈，这份上进心就备受煎熬。这两三年，无数次小核桃得睡觉了，我还有一大堆工作要处理。他睡觉的时间，从9点推到11点、12点。有时候一边陪他躺在床上，一边还在开电话会议。结束时一歪头，他自己已经睡着了。

有天晚上，他躺在床上翻来覆去，问我："妈妈，你怎么不看手机了？"

"啊？我今天没有工作了。"

"可是，你不看手机，我睡不着哎。"

姥姥知道了这件事，忍不住皱眉："不要当着孩子面看手机，说了100遍了，他睡觉那么晚，对身体不好。"

每个周末，都在"陪儿子痛痛快快玩一天"和"抽出几个小时工作"之间斗争。其实也没什么好斗争的，周末必须要完成下周所有文案工作，否则一开工，经营上的繁杂事情扑面而来，没办法专心写东西。

路过小区里的露天游泳池，我跟儿子说，今年开放的时候，妈妈一定一定带你来游泳。

爸爸在一旁听到，嘻嘻笑道："去年开放了3个月，我们一次也没下来过。当心妈妈把这3个月又忙过去了。"

什么啊，在当妈妈这件事上，我也是有上进心的好不好！

可是我没做到——这件事时常压在我的心底。

在当妈妈这件事上，我们从来都是奔着美好愿望去的。我们从怀孕起，开始储备知识，保证身体状态良好，挑食？不可以！你不是一个人，你不想吃，也要为肚子里的孩子着想。

孩子出生了，我们一刻不停地学习科学养育，以当"好妈妈"为己任，不敢懈怠。你自己可以不上进，但是为了孩子，谁不是拿出了百分之一百二十的上进心？

但是的的确确，不得不承认，生活中想做的事还有很多，当"好妈妈"只是其中的一项而已。

哪怕它是最大的一项，但只要它没有占到全部，跟想象中的"好妈妈"比一比，就已经足够我惭愧了。

有了孩子以后第一次出差，已经做了无数次的心理准备，但是在第一个没有睡在孩子身边的晚上，听着电话里的哭闹声，眼泪还是忍不住掉了下来。

我想成为一个好妈妈，但终于确认自己是"做不到"了。

三

小核桃第一次上独立课，家长不能陪同。我们提前跟他聊过这件事儿，他瞪着眼睛听了半天，点头表示接受。进了教室，他挥挥手说："你可以走啦。"

我格外钦佩，心想，男子汉啊！

事情当然没有那么顺利。

我退到教室外面的时候，看他拖着自己的小坐垫，慢慢挪到门口坐下。老师招呼他去教室中间，他摇摇头，紧贴着门口，时不时往窗外张望。我一下子反应过来，他之前问过我："那我上课的时候，你在哪儿？"我说："我会在门口等你。"

他想离我近一点。

那个瞬间，我忽然就流泪了。偷偷瞄了一下四周，几位妈妈都气定神闲地在看手机，或者闭目养神。我觉得自己很矫情，赶紧打开电脑，假装工作（事后我才知道那天只有小核桃一个小朋友是第一次上独立课）。

　　过了大概 10 分钟，教室里忽然传来一阵哭声，我听出来是小核桃的声音，但完全不知道该不该去干涉老师上课，只能无助地看着门口的督导说："怎么办？是我儿子在哭。"

　　督导说，如果是第一次，你可以去陪他。

　　我几乎是"弹"进教室，小核桃一边抽泣一边努力跟老师表达，他希望能去找妈妈。

　　我抱着他坐到角落，他抽泣了一会儿，问："妈妈，你还会走吗？"

　　在得到了我的保证之后，他很快开始专心听课了。

　　但是，他一只小手时不时会揪一下我的衣角。

　　趁他听课的间隙，我用纸巾挡住了脸，擦去眼泪。

　　那个时刻，我不是没有克制的，我心里也有声音说：你自己都这么情绪失控，那小朋友更不知所措了。

　　但是我做不到。

　　没过一会儿，我出去接了一个工作电话，前后 10 分钟，走回教室的时候，小核桃对着老师痛哭流涕："我太饿了，我要找妈妈。"

　　我抱着他走出教室冷静了一会儿，下楼买了吃的。他说："我们回家。"

　　还有 1 个小时才下课。我在心里斗争了 1 秒钟，就带他回家了。

　　回家的路上，我跟他说："你今天坚持了 10 分钟，我觉得你很棒。你是怎么做到的？"

　　他告诉我那 10 分钟老师讲了什么故事。

　　"那我们下次会坚持多久呢？"

"两个 10 分钟！"他忽然高兴了。

四

这件事儿，我几乎没跟别人说起。"太矫情，太作了，太没有办法了。""孩子哭，你也跟着哭？你应该跟他讲道理，安抚他，等他冷静后再送进教室。"是会被这样评价的吧？

可是再选一次，我还会这样做。

那一刻，他很难过，我也很难过。

我真正难以启齿的是，我在那一刻的念头居然是"我对不起我的孩子"。我想，如果我是一个全职妈妈，给足了孩子所谓的陪伴和关爱，也许在那一刻我的反应会理智得多、冷静得多。但是，正因为常常怀疑自己做得不够，所以，当小核桃的哭声爆出来的那个时刻，我是心虚的。我偷偷地打量周围人的反应，生怕从她们的眼神中看出鄙夷："哟，你平时都在忙什么呢？就没怎么照顾过孩子吧？你看他那么胆小！"

我答应了他，要在门口等他的。可是我离开了，为了一个工作电话。

本来他都好一点了，就因为这个电话！听到他的哭声，你让我怎么冷静呢？我简直像是小偷一样被人赃俱获了，羞愧极了，懊恼极了。我没有办法原谅那样的自己。

事情过去几个星期，我才跟朋友说起。

她说，我送女儿去幼儿园的时候，就没哭！

"你看，就说你是个没出息的妈妈啊。"我心里的声音忍不住说自己。

"不过我第一次送她，已经是她上幼儿园一周之后了。"

"……"

"不敢送啊，提前很久我就跟老公说，第一天我是绝对不会送她去幼儿园的，因为肯定会哭成一团啊。结果，我老公第一天也不敢送，是她爷爷送去的。"

只有不上进的妈妈，才懂得不上进的妈妈啊。

鱼与熊掌，你不可能两个都要。也许是因为知道自己得不到，才不想再听什么"加油，你可以的"。这有多难，又岂是一两句话可以概括的！

五

有一个想法，压得人喘不过气来：

"你既然做了妈妈，就必须全心全意做一个妈妈。"

事实上，能够把这个想法说成一个"想法"，对我来说就已经是一个巨大的突破。想法的意思就是因人而异，有的人可以这样想，有的人可以那样想。但在我过去的人生里，我并不认为这是一个可选项。它就是一个天经地义的、毋庸置疑的"事实"。

有时候我想，如果能一直把它看成一个"事实"，那样的人生也会简单很多。你都已经当妈了，还想怎样呢？拿出从前在职场打拼的劲头，好好把当妈这份很有前途的"职业"做到尽善尽美，这就是你人生的主旋律了。你要一边工作一边带娃？那就找一份清闲的、朝九晚五的工作啊，一到下班的点就收拾东西走人。没有人责怪你，因为没有人会对你寄予希望，大家理解你是妈妈，一个为了孩子付出了一切的"上进"的妈妈。

但社会还是变得多元化了，也可以有不同的选择，不是吗？

有选择做 100 分的妈妈，也有选择做 60 分、70 分的妈妈。

一开始，你当然会想："这有什么好选的！我当然做 100 分的妈妈。"我也曾这么想过。但是，一旦你意识到那只是可选项当中的一种，你就再也回不去了。

选它，或是不选它，你都会意识到其他可能性的存在。

我有过很多曾经优秀的女同事，试图家庭、事业两头挑，最终还是不得已做出取舍，泪别职场。也遇到过妍姐这样的女人，孩子发烧，她若无其事地在微信群里讨论工作，只是第二天早上说，今天要把孩子送到爷爷家，上班迟到一会儿。

她们谁比谁更正确、更上进呢？不知道。谁比谁过得更好呢？也很难说。

每个人都只是在为自己的人生做出选择。

既然是选择，就没有绝对正确的一头。凡是选择，都必须有取舍。

　　还是会觉得有机会与这样的想法抗衡，也算是一种幸运吧。虽然一计较自己的得失对错，有时也会觉得迷惑、不甘，但想一想，为了成为现在的我，而保有这样的不甘，我义无反顾。

疾病容易悲情化，残缺总是值得被歌颂

我不是过了一种比较少的生活，而是过了一种不一样的生活。

一

倪萍老师上《朗读者》那期，讲了因为儿子眼疾，带儿子求医12年之路。

她说自己是从得知虎子生病那天开始吸烟的，黑暗里一根接一根地抽；每次复诊的头天晚上都通宵难眠，去医院的路上太困了，只能大声唱歌。

节目里，她朗读的是《姥姥语录》，说起姥姥给自己的鼓励，"你不倒下，谁也推不倒你"。

我妈在电视机前抽泣。

我到处给她找纸巾，心里也是难过的。在我们这代人的记忆里，倪萍阿姨的声音几乎就等于年夜饭、新衣服和压岁钱，是喜气洋洋的。只

要听到她的那句"观众朋友们"，新生活就随时要开启了。

可是她老了，老成这样子，让人跟着沉默。身材发胖，牙齿因为吸烟变得黑黄（演播厅的大屏幕还一遍遍回放她主持春节晚会的画面，那时她笑靥如花，牙齿像白色的广玉兰），还有走路时一瘸一拐，这一切似乎都是因为儿子的那场病。

沉重，从她的那句"如果一个人眼睛看不见了，那他这辈子还有什么意义"开始。

倪萍老师在电视上边流泪边朗读，我妈在电视机前不停地抽纸巾。

我开始有些手足无措。

"你眼睛如果看不见了，这辈子还有什么意义。"我不知道虎子在长大过程中面对这句话时是什么感觉。

它让我有点儿喘不过气。当了妈妈之后，仅仅看孩子生病，都觉得是一种折磨。每个妈妈都一样，我们面对病痛，忍不住多做一些，再多做一些。但那份照料是有代价的。得到越多的照料，随之而来的限制就越多。照料本身在不断地提醒对方，"你是不正常的"。

如果病痛不能选择，"做一个正常人"也许是可以选择的。

想起曾经看过的另外一个"盲人"的故事。

你还记得吗?《奇葩大会》的蔡聪,10岁那年得了药物性青光眼,"这辈子要完蛋了"，他听到别人这么说。还是孩子的他，在那个瞬间无限恐慌。"要完蛋了"，那该是什么样的生活?

爸爸妈妈带他尝试了各种治疗方法，发现没戏。他索性回学校继续读书。第一个月，一不小心考了全年级第一。

"你们看看人家蔡聪，都这样了，学习成绩还这么好。你们有手有脚，眼睛又好，学习不好，你们觉得好意思吗？"——"我忽然变成了别人家的孩子，而且作为一个盲人，还走向了人生巅峰！"

生活总有另外一副样子。

慢慢地，他觉得不对劲，盲人怎么了？盲人怎么就生活完蛋了？

读大学后，他采访了哈佛大学法学院第一个聋盲人，见到人家，他忍不住问："你生下来听不见看不见，你父母没说把你给扔了啊？"

说完这句话，他忍不住笑了。虽说是在问对方，其实是他把这么多年的愤怒给消解了。

"啊，我跟其他兄弟姐妹一样，是我父母的礼物，干吗要把我扔了？"

那些话，蔡聪一字一句都听进去了。他说："当医生和父母发现我治不好了，他们说，那就换个活法儿吧。"

我没有被倪萍阿姨的"不要倒"弄哭，却被"那就换个活法儿"给戳了一下。

在我们的文化中，疾病容易悲情化，残缺总是值得被歌颂。教科书里的英雄们，个个身残志坚，带病坚守在伟大的岗位上。

一个正常人工作，就只是在工作，如果生病了，就显得格外伟大。

可是，因为这种没来由的伟大，它显得格外沉重。蔡聪很气愤，他说："这个世界就不应该有'残疾人'这一说，那不过是你们在固有认知中给我们贴的标签。"

如果，生病就是生病，没有什么特别之处；如果，伤病只是一个人的特点和条件；如果，每一个孩子面对疾病时，能感受到妈妈的另一种态度，"我们只是换了一个活法儿"，那该多好！

二

我曾在一家自闭儿康复中心做义工。那里的孩子都是从全国各地来的，由爸爸或者妈妈陪同，一住就是好几个月。

印象最深的是一个福建的小男孩儿，他叫豆豆，3 岁。豆豆的爸爸浓眉大眼，"今天豆豆爸爸来吗"是康复中心女老师们说早安的方式。

以我最为明目张胆，每天跟在他身后。"因为他帅啊！"我理直气壮地回应其他老师的揶揄。

他跟我说："豆豆呢，只是跟一般小朋友不一样罢了。你看，他只是生活在自己的世界里。你看到他的眼神没？他在思考。"

后来他们要回老家了。告别时他说："跟着豆豆到处旅行，还有点儿想家呢。得回去攒点儿钱，然后再开始新的旅程。"

他说："这个小朋友到来后，我的生活就不一样了，到处行走，认识了很多新朋友。"

他把到处看病叫作到处旅行。他说："别着急！你非要把一个特殊的孩子给掰扯成正常孩子，做得成，是好事儿；做不成，也不是坏事儿。"

好多女老师都哭了。

我终于知道自己为什么总忍不住赖在离他 1 米左右的地方。

因为太多爸爸妈妈都觉得再治不好，自己的孩子这一辈子就完了。在那片浓得化不开的愁云惨淡里，他是一束光。

高晓松跟蔡聪说："你有一句话深深地打动了我——'我因此体会到了别样的人生'。因为即使你有最强大的感知力，以 5.0 的视力，也不一定能感知到完整的世界。"

蔡康永说："你不是过了一种比较少的生活，而是过了一种不一样的生活。"

蔡聪跟同样是盲人的妻子生下了孩子之后，他说了这样一段话："我爱他，并不是因为他将来会成为我希望他成为的那个样子，也不是因为他将来可以照顾老去的我。我爱他，只是因为他跟其他孩子有着同样价值的生命，这种价值不会因为外在的条件有任何减损。"

说这些话时，他已经是一名残障公益基金会的残障资助官员，同时还是残障意识培训师和非视觉摄影培训师。

他用生命的每一天告诉我们，什么叫"同等价值的生命"。

天哪，我怎么这么像我妈！

这个世界是复杂的，这是成年人的妥协和责任。

一

我女儿玩沙子玩得不亦乐乎，伸手要拉我的衣服："妈妈，你快来。"

我一秒钟弹开："哎呀，你手好脏。"

那个瞬间，我惊呆了，我变成了我曾经最讨厌的样子。

妍姐跟女儿从海边度假回来，除了一身海水和阳光味，还带回来这个悲伤的感悟。

为什么说她最讨厌这个样子呢？

"小时候，我如果玩得一身泥，要妈妈抱，她就会说：'哎呀，别碰我啊，手好脏。'好几次我都委屈得哭了，特别讨厌这样的妈妈。"

大家一下子七嘴八舌起来。

金金说："小时候，每次我妈妈很不耐烦地跟我爸吵，我心里都很烦，有话不会好好说吗？怎么中年妇女都这么大嗓门！现在我一股火上来，跟我老公发飙的时候，也会打一个激灵：我变得跟我妈一样了吗？"

Luna说："以前我妈每次生气，都会一声不吭，满屋子到处找活干，我爸就跟在后面哄。我觉得特别矫情。现在倒好，我如果跟男朋友吵架，就会莫名其妙蹲在那儿刷马桶、洗衣服。男朋友嬉皮笑脸一直哄：'别干了啊，休息休息吧！'那些瞬间，好像时光倒流了18年。"

飞飞说："记忆中我妈每次不高兴，总是冷着一张脸，家里气氛就很差。我那时候真是气死了，'你不知道你这样我们都很不舒服吗？'现在呢，我自己心情不好的时候，也是冷着脸，家里气氛一团糟。每次我都想，我这是怎么了？"

笑笑说："小时候，跟姥姥姥爷生活在一起，看到很多老人都没人陪，当时想：那些大人究竟有多忙呀，都不能多回老家，陪陪自己的爹妈，或者给家里死去的长辈上坟？长大后，我变成了我讨厌的样子：只有过年时才会回家，家里老人去世时我都不在。清明节的时候也没有回老家给逝去的姥爷、爷爷奶奶上坟。"

我低头看了一眼自己的肚子，想起初中时爱美，夏天不管穿什么衣服，都在腰部打个结，露出半截。我妈也爱美，常要试穿我的衣服，可惜腹部总是小一号，我不屑地说："你倒是锻炼啊，减个肚子还不容易。"

现在的我，眼看着马甲线一寸寸消失，肚皮松弛。

小时候吃完晚饭，写完作业，总想拖着爸妈去海边溜达，但妈妈会说："我太累了，我只想上床睡觉。"每天把家务做完躺在床上，是她最幸福的时候。

我特别鄙视这样的大人。唉！可怜的中年妇女，一点儿朝气也没有。真扫兴！

现在大多数时候，我儿子在床上蹦来跳去。"妈妈，我们玩吧！""妈妈，再讲一遍哆啦Ａ梦！"我气若游丝，一头栽倒在床上："别吵我啊，妈妈现在全身上下只有小拇指还有力气。我要睡觉。"

我变成了一个超级不酷的人，跟我自己曾经讨厌的那个人一模一样。

二

这真让人沮丧。不是吗？我们曾经那么纯粹。

我们说，我要成为一个什么样的人！那个人也许漂亮，身材匀称，保养得当，全身没有一块多余的脂肪；那个人也许智慧，思路清晰，妙语连珠；那个人也许气质超群，清高骄傲……总之，我要成为的那个人一定很酷。

我们把世界划分成两半：我喜欢的，我不喜欢的——什么叫这个世界不只有喜欢与不喜欢，还有很多无奈和不得已？不懂，不听，好麻烦！生活也是两半：妈妈去上班了，妈妈回来陪我玩了——什么？你回家还要做家务，还要加班！你怎么这么不酷！

很小的时候，跟爸爸一起看《侏罗纪公园》，问哪个是坏人哪个是好人，爸爸犹豫着说："他也不算坏人吧，只是……"哪里听得进他的解释，捂着眼睛哇哇叫："坏人死了没？"

心里想着，大人真面啊，拖泥带水，不痛快。

小孩子的世界，简单直接。我们都曾拥有过。

直到有一天，我们开始说："好羡慕小朋友，每天都充满能量，那么单纯。"

或许早在那一天之前，我们就已经发现，事情已经有了变化。

我一边催促着儿子喝水，然后洗脸刷牙睡觉，一边心想，他应该会在心里念：这个妈妈好啰唆，她一点也不酷！

我们终于变成了自己讨厌的样子。

因为我们终于承认，这个世界是复杂的。这是成年人的妥协，这是成年人的责任。

三

小孩子说得倒是轻松——

"你这样不行，你这样不酷。"

他们永远很酷，是因为有人会为他们扮酷埋单。他们不知道，那些"不行和不酷"的背后有多少复杂和无奈，只有等他们长大了，走近七情六欲、一地鸡毛，才会发现这世界曾经欠他一个解释。

小时候，没有人告诉过我们，在一整天高强度工作之后，真的会有颈椎刺痛、脑袋不转的时候，必须睡觉才能复原，因为明天会有更难的挑战等着我们。

也没有人告诉我们，你有满腹的情绪，却再也不能从摇滚和言情小说中得到慰藉，不能再冲着教导主任竖起中指。你对老公发火，知道自己在别人眼里像一个泼妇。

也没有人告诉过我们，保持美丽是需要成本的，在手脚必须快3倍才能应付得来的日子里，稍微照顾自己一下都是一个太奢侈的愿望。你想了又想，还是把健身的事儿往后放了放，排在陪孩子玩、加班处理工作或者让自己昏睡过去之后。

你终于理解了"因为懂得，所以慈悲"这句话。少女时代，你曾因为这句话感动得不行，但距离你真正"懂得"，中间的距离大概包括：一个孩子、一次婚姻、一份繁重的工作、一次创业、好多次争吵、无数次妥协。

四

但我们真的变得不酷了吗？

不，让我告诉你一个秘密：也许，是我们变得"更酷"了。

不信？最好的证据就是，儿子正在我身边蹦蹦跳跳："妈妈！起来！起来玩！"

他哪里来的那么大能量？

就像小时候的我，吃饱喝足总惦记着到处玩。还不是因为有人烧饭洗碗、赚钱养家，那个人在我头顶撑起一片天，所以我自由自在、精力充沛。

公子木直到第一次被别人说"你好凶"，他才意识到，他对内要支撑一个家庭，对外要应付学术和职场，跟别人意见不一致时，真的再没有耐心去慢慢化解了。他评估了一下利害关系，就直截了当地把态度表达出来了，变得凶巴巴，像极了印象中那个"讨厌的、不会好好说话的"爸爸。

小时候的妍姐也从不知道，多洗一件衣服，妈妈就要少睡 5 分钟，而一家人的衣服加起来，妈妈要少睡半小时。她只记得，她从来都是穿得干干净净、漂漂亮亮，被人夸成小公主。

我们在世事澄明的那片天地里活蹦乱跳、畅想未来，而撑起这片天地的，是那个"讨厌"的人。

所以我要告诉你，也告诉我自己：我们变得更酷了！

因为我们变成了那个正在撑起这片天地的人。

孩子们的眼神清澈，像小动物一样好奇，他们说：我要成为很酷的人！我们听着，心里无奈又欣慰。

我们的一颗心，不再灵动，但却肥厚而温润起来。我们有了更宽广的视角，看到了更大的世界。

我终于活成了自己讨厌的样子，没想到，竟然有点儿酷！

▷你做不好这些的，这都是为你好
谁也预测不到我们的人生将以什么方式转变。

"我不会的！"小核桃挂着眼泪，急得满脸通红，含混不清地对姥姥说这句话时，我的确愣了一下。

上午我们去逛了一个集市，其中一个展馆是韩寒的 ONE 设计的，送了两个氦气球，比小核桃的脑袋还要大好几圈。他拽着气球，欢喜的脸上在发光。

我跟在后面，觉得一切美好得不像话。这时候如果气球带着小核桃轻轻飘起来，我也没办法慌张，祝福他和云彩玩得愉快。

回家后，氦气有点儿漏了，一松手就往下掉，他拼命用双手把气球往上送，忙乎了一身汗。

姥姥从厨房出来，看到他仰着头在托气球，完全没注意到拴在气球上长长的线，吓坏了，一个箭步冲上来把气球拿走："你要是踩到线肯定会绊倒的！我给你把线弄短点儿。"

我们都没在意，却没想到小核桃"哇"一声哭了。

都以为是被抢了气球不高兴，姥姥赶忙解释："我给你把线弄短点儿，否则你会绊倒！"

他拼命摇头，哭得真伤心，比气球飞走了还伤心呢，上气不接下气。我觉得奇怪，凑上去听他含混不清地在说什么。

"我不会的，呜呜……不会的，呜呜……"

我问他："你是说，你不会绊倒的对吗？"他忙不迭地点头，哭得更大声，像气球一样"充满"了委屈。

我好像知道什么了。

在五六年前，我带了一个二十几人的团队，接手一项新业务，不懂的比懂的还多。倒是年轻，也不怕，一群人每天像海绵一样吸收知识，吃不饱似的。

跟每天都想一起吃中饭和晚饭的一堆人工作，是最大的幸运。

其中有个女孩子，我们喊她贝类，不漂亮，但你知道她有审美。审美这事儿，也许能后天习得，但我总觉得天分占九成，不管你来自三线小城还是大都市，它生长在你骨子里。

有审美的人呢，都挑剔。一起犯过错，也成过几次事儿。我喜欢这种挑剔，它不废话，让结果说话。

后来她提出离职，想去更大的地方看看。我们纷纷劝阻。

团队有时候靠一股势能，它是大家聚集在一起才有的。恰好正处在新业务调整阶段，磨合了很多年的同事，总是舍不得她离开。

　　那时候脸皮薄，说不出"我需要你"这样的话，心里可能也不愿意承认有人离开我们时的不安。再说了，离开之后，是否真有好的归宿？谈了好几次，大家平常处得熟了，说话也不太顾及，话赶话就把担心说了出来："你去那儿够呛，能行吗？不如在这里多锻炼一段时间再走。我这也是为你好。"

　　她当场没说什么，后来托朋友带话回来："再也不要说这是为我好这种话！受不起！"

　　她很生气，隔着那句话，我能感觉到。

　　我还委屈呢，要对公司和团队交代，又和她闹翻了。这一口气，两人闷了好几个月。

　　这种事儿，不能靠任何道理去化解。"谁都不能替谁的人生做主。"这些道理谁都懂，可是放到那个情境中，就是过不去。

　　在小核桃大哭的那个下午，我忽然想起了这些事儿。

　　"你还是考虑考虑吧，你不知道做那些事有多难。你也不一定适合，还是算了吧。"后来我自己也不止一次听到这些话，当下的情绪很复杂。我知道说这话的对方，多数时候是真心的，我看着他们的眼睛，那种担心没办法假装。

　　但我也实实在在地感觉到，那种压迫感就像棉花糖一样令人烦恼——一拳打出去，是软的，是"你做不好这些的，这都是为你好"。

　　我们出于保护对方的目的，说出那些话，但我们自己没有意识到，或者不愿意承认，"保护"的潜台词是，"你不行，你是一个没办法保护自己的人"。小核桃接收到了这个信息，他挂着眼泪，拼命拒绝这样的投射："我不会（绊倒）的，我没有你们说的那么弱小！"

他还不到3岁，可他的气愤那么明显。

谢天谢地他拒绝了姥姥的保护，谢天谢地我们看懂了他的委屈。因为这个故事有可能还有另一个版本：小朋友从心底认同了这个潜台词，他真的以为，离开了爸爸妈妈、姥姥姥爷的保护，自己就什么都做不好了。

也许小朋友会变成一个只能依赖大人的人，如我们所愿。

但，我们也一定不愿意这件事发生。

他会因此而摔跤吗？也许会。我们能做什么吗？也许能，但并不需要。因为那只是我们自己头脑中的担心。是"大人"在想象他会失败，而不是"他"真的失败了。要消化这个焦虑的，是大人自己。

家里柜子的边角都贴了防撞条，就算他真的摔倒了，也不是什么惊天动地的大事儿。我们可能倒吸一口冷气，准备好了创可贴和一个心疼的抱抱。结果他站起来，拍了拍，不好意思地看看周围，又追着气球玩开了。而我们只要记住，千万不要在这个时候说："你看，摔了吧！我早说过……"

贝类姑娘呢，后来换过两次工作。有时候看她半夜还在朋友圈里活动，通宵赶工，审美依旧。人有没有枯竭，是不是有什么还在心底流淌，是可以看得出来的，那些依旧流淌着的东西，十足珍贵。

她一定也很辛苦，因为长时间熬夜，胖了一点。每次见面，我都忍不住嘲笑她。

但我在心底为她骄傲。人生本身就是不可逆转的，我们谁都没有机会再回去证明什么了。

我也感到庆幸，幸好当时她没有被我的那句"为你好"给留住，否则，有一天她对我说，"你的担心没有错，我真的是一个什么都做不好的人"，鬼知道我听到这句话，会不会觉得罪孽深重。

我们在一天天的经历中理解了对方，原谅了自己。大概是因为我们逐渐意识到一件事情：谁也预测不到我们的人生会以什么方式改变，这就是"难以预料"的本质。最恼人的是它，最迷人的也是它。

对孩子，对成人，对自己，都是一样。

有本事你像个孩子那样去爱啊

爱得不拖泥带水。

一

已经 10 点了，手机还在不断地显示信息，我有点儿着急。

"我们去洗脸刷牙吧？之后喝奶、换尿不湿。"我决定先把小核桃哄睡，再处理其他事情。

"啊，不，我们玩一玩吧！"他噌地爬上床，开启蹦蹦床模式。

10 分钟过去了。

我瞥了一眼手机，群里有人 @ 我，催我发一个文件。小核桃还在蹦。

"为什么每天都这么不配合！"我爆发了。

"我要找爸爸。"小核桃不跳了。

"你，不准每次都出来做和事佬！"怒火波及无辜的爸爸。

我转头跑去厨房，倒了一大杯水。水还没喝完，核桃在卧室叫："妈妈，你在哪儿？你过来！"

我赶紧跑回房间（谢天谢地，每次都会给我一个台阶下）。

他正在认真脱袜子："我脱完袜子，就要喝奶哦。"

"妈妈，你别生气了。"他说。

我鼻子酸了。

我又做了一次"不靠谱"的妈妈，没有控制好情绪。做育儿公众号这么久，我知道那意味着什么，也当然不再幻想有完美妈妈的存在。但还是有点儿难过，不是因为所谓自责，而是因为小核桃说"妈妈，你别生气了"的时候那么磊落、光明正大，像是日常说"我要尿尿""我们玩一玩"一样。

那种磊落触动了我。

我忘记自己小时候是不是也有过这样的磊落，如果有，它是从什么时候开始消失的？我也搞不懂现在的这个自己，很难向谁真的认错，在那个瞬间，总觉得自己有一万种委屈。

可是，小核桃说"你别生气了"，他看着你，好像那件事情跟他无关。对，就是这种感觉，他抱着奶瓶，安慰一个生气的、烦躁的妈妈。他好像在说："其实不是因为我蹦蹦跳跳不刷牙惹你生气，平常我也这样啊，你有时候还会陪我一起蹦呢。但是你今天太忙了，你很难过。妈妈，你别难过了。"

我被那一刻他的眼神和语气触动了。

二

睡前我们又读了一遍《好饿的毛毛虫》，那条好饿的毛毛虫，吃了好多好多东西之后，变成了一只蝴蝶。

"哇，好漂亮的蝴蝶。"我们兴高采烈。

"我也会变成一只蝴蝶，飞啊飞，噗！飞到这里来，飞到那里去！"小核桃很欢快地说，小胖手乱指着。他的眼睛好像可以看到很遥远的地方，里面有亮光，他真的可以起飞。

关了灯之后，我们继续聊天："妈妈也变成一只蝴蝶，跟你一起飞啊飞。"

爸爸问："你们俩都变成蝴蝶飞走了，爸爸找不到你们了怎么办？"

他想了想："那我们变回来吧。"

"我不要，我还想到处去飞呢。不过我会经常回来看看的。我要飞到大海的上方……"我继续沉浸在想象里。

我忽然觉得有点儿异样，他趴在枕头上，头歪向另一侧。

"你怎么了，小核桃？"

他不肯说话。

我伸手去摸他的脸，他哭了，而且不想把头转过来。

"可是啊，妈妈那么大一只，变成蝴蝶也是一只胖蝴蝶，飞起来没一会儿，扑通就摔了个狗啃泥，又回到床上了！"他哭泣的时候，这个世界就被蒙上了一种奇怪的色彩。我忙不迭地伸出手想去抓住什么。

他"扑哧"笑出了声，带着哭腔。但是听到妈妈"又回到床上了"，明显轻松多了，把头转过来。

我这才问他："是因为妈妈说要飞走了，你很难过吗？"

他说"嗯"，委屈得又要哭出来了。

"是因为核桃要变成蝴蝶，妈妈才变成蝴蝶。那核桃飞回来，妈妈也一起飞回来。我们都在一起呢。"

在我意识到问题之前，我已经开始为自己辩解了。

他一下子爬起来，抱住我，亲了亲我的脸，又亲了亲我的头发，口水滴到我的眼睛里。

小朋友很快就开心起来，嘀咕了一句"在一起"，慢慢睡着了。

我还愣在他的"直白"里，被口水糊住的眼睛，湿漉漉的。

他刚才是在用哭泣和亲吻的方式表达"你不要离开哦，我会很难过的"吗？我甚至不太确定。

睡在我身边的这个小朋友，小鹿一样乖巧。黑暗里我闻着他让人安心的味道，忽然意识到，刚刚为什么会说出那样的话。

是因为我在不安吧。

他说要变成一只蝴蝶的瞬间，我忽然意识到，他会离开我。那一刻他的跃跃欲试，似乎戳中了我心里的某个地方。我甚至都没来得及难过，"妈妈也变成一只蝴蝶，跟你一起飞啊飞"——我几乎是不假思索地说出那样的话来。他难过地哭起来，甚至委屈地转过了头，好像在说："妈妈，我喊你回来，你都不肯回来。"

天啊，我居然那么幼稚。

我用了一种自己几乎都无法理解的方式，一种让他受到伤害的方式，来表达我的不舍。而他可以直白地哭，直白地抱我，直白地告诉我"在一起"。我根本没有想到，这些感受还可以这么简单、这么坦荡地表达。我可以像他一样直白地说"想到有一天你要飞走，妈妈有一点难过"吗？我觉得我说不出来。

"你怎么像个孩子一样幼稚！"

哦，不不，我们很多时候比孩子幼稚得多。

三

过去这一年，做了好多从没想过自己会做的事情。

忙起来，好几天不洗头发。很累的时候，最喜欢跟孩子待在一起，哪怕短暂的相处，总是会有能量注入。什么都不需要做，只要坐在旁边跟随着他，那个小小的生命，轻轻巧巧的一句话、一个动作，就能揪出我们生命里许多隐藏着的东西——我们甚至都不需要隐藏，因为我们根本看不见。

我慢慢意识到，有一些东西是很简单的。

喜欢就是喜欢，不喜欢就是不喜欢。好就是好，不要就是不要。难过的时候会哭，开心的时候会笑。累的时候想一个人待一会儿，待久了又想找人说说话。喜欢一个人的时候，抱住他就好像抱住了全世界。还有，想做任何事情，随时都可以开始，不用非得等啊等，等一个也许永远都等不到的"准备好了"。

之所以觉得它很复杂，是因为不知道从什么时候开始，我们把它变复杂了。

要顾虑别人的感受，要顾虑是否符合正确的标准，要顾虑会带来什么后果，要顾虑自己在别人心里的形象……

复杂当然也有复杂的好处，毕竟一觉醒来，还有那么多人那么多事需要打起精神应对。只是，偶尔卸下防御的时候，还是迷恋片刻的简单；迷恋两个人直抒胸臆、心灵相通的瞬间；迷恋像个孩子一样，爱得不拖泥带水。

如果你在乎的人，此时此刻觉得辛苦、烦躁，不知所措，那就狠狠地跟他/她说一句：有本事你像个孩子一样去爱啊！

▷ 你带走了我，可是你有没有问过我？

妈妈，可不可以不要再拿我做挡箭牌？

湘潭的一位 31 岁妈妈带着两个孩子自杀了，她留下的遗书在网上流传。她的委屈，她的不幸，她的恐惧，她的愤怒，正在被数以亿万计的人看见并讨论。

可惜，两个孩子却没有机会留下只言片语。他们毫无反抗之力地被带离这个世界，来去匆匆，那一刻他们可曾希望表达一点什么？如果他们也可以留下一封信，他们会有什么话对妈妈说？

我们无从得知两个孩子的心情，只有猜测。虽然都是想象的心声，我们还是希望那些生活在悲剧中的妈妈也能听听看——哪怕听到一句话也好。

如果她们从这些声音里意识到，世界不只是以一种方式（恶意的、嫌弃的、拒绝的……）对待自己的时候，她们想到的东西会不会稍微多一些？

但一切都只能是想象，悲剧已经发生了。

没发生的，但愿永远不要发生。

妈妈，我心疼你。虽然我是个小孩，但我也能感到你常常会难过。我不理解你为什么那么难过，但我能体会到那种痛痛的感觉。我想啊想，想找到一些方法让你高兴点，可是我太小太笨了。你哭的时候，我只会在你身上蹭来蹭去。以前，你会被我蹭得笑起来，后来你越来越不理我了。可能我唯一会做的事就是心疼你。你总是自言自语，说没有人心疼你，其实你面前就有一个啊，只不过还不会说话而已。真的，今天，当我感觉到你终于下定决心的时候，我想："啊，妈妈终于可以解脱了！"我替你感到轻松——那时我不知道我面临的是什么。

妈妈，我会有一点担心背叛你。每次我找爸爸玩的时候，你一脸难过地看着我们。我就猜，你并不是很喜欢我跟爸爸在一起。

你有一次对我说："对爸爸来说你就是天，妈妈什么都不是。"听到这句话的时候，我有点儿慌张，不太懂你们之间发生了什么。你是在生爸爸的气吧？为什么我会觉得我也做错了？我是不是应该讨厌爸爸才对？妈妈，我好想长大，弄明白到底是怎么回事儿。

妈妈，我有一点困惑，我忍不住怀疑爸爸也不是绝对地坏。他好像也有对你好的时候，他会帮你焐手焐脚。他对你不好的时候，你对他的态度也不好。我在想，就像我哭闹的时候，你会凶我；你不开心的时候，我也好生气一样。是不是你和爸爸的矛盾，其实也只不过是吵吵闹闹，过一段时间就好了？爸爸可能是太笨了，他不知道你到底需要的是什么，他买了很贵的首饰给你当生日礼物，以为能让你高兴点儿，他没有真正地理解你。可是，这些是不是可以说出来？

妈妈，如果你没有把事情看得这么糟糕，或者，改变一下对爸爸的态度，你们的关系会不会好一点？但我不敢告诉你这些。我记得姥姥也这么说过，你非常生气。你都委屈得快哭了，你说凭什么你就该是那个懂事的人！

妈妈，我有时候好替你着急，气你没办法把你的委屈说出来。你总是摇头，说这些话说了又有什么用，这是"三观"的问题，根本解决不了。我就想，什么是"三观"？它很厉害吗？比超级飞侠还厉害吗？可是你不试一试怎么知道解决不了？爸爸每天在外面忙，他可能不知道你那么难过，那你干吗不告诉他呢？我饿的时候会哭，气急了也会哭，哭就是为了让你们都知道啊。

我记得有那么几次，我哭的时候你们不理解我到底要什么，我就更大声地哭，拼命地哭。你们猜了好久，终于明白了我的心思。妈妈，哭你总是会的吧？

妈妈，我支持你离婚——虽然我还不懂离婚是什么……但如果我长大一点，我就会知道离婚真的是非常普通的事。你跟爸爸要是真的没法相处，为什么不分开过呢？反正你们还会是我的爸爸妈妈，对我来说，你们之间的关系怎么变，我都可以接受，只要你们开心就好。我不喜欢小区里的橙橙，我就不跟他一起玩了。

你说你现在很后悔，早知道在哺乳期的时候离婚就好了。我不太理解大人说的后悔是什么意思。我只知道，你们两个人合不来，合不来的人迟早是要分开的。一件事如果是非做不可的，难道错过了最好的时机，就不做了吗？

妈妈，请允许我表达对你的愤怒。你把我看成是"你带给爸爸的东西"，在你走之前，你要收回我。这句话让我很难过，真的很伤害我。因为，我又不是一个像钻戒那样的礼物，谁想收回就收回。

从我成为一个生命开始，我就不再是你身体上的一个部件了啊。虽然我们是世界上最亲密的母子，可是我是一个活生生的人，我也有自己想要活下去的意志，也会高兴和难过。我还有好几本卡梅拉的故事没看完。前几天刚发现《贝瓦儿歌》好有趣，才听了两首。我明明活得还不错，为什么这样的我需要被收回，而且是不由分说地被你收回？

也许你想用"收回我"的动作让爸爸伤心欲绝，感到后悔——可那是你们的事，跟我有什么关系？

妈妈，我很感谢你。我在你肚子里的 10 个月，你生我的时候惊心动魄的 22 个小时，是我在这个世界上最坚不可摧的经历。我来到这个世界有 3 年了。

这 3 年里，你给了我很好的照顾，你为我放弃了事业，放弃了独立和自由，还为我放弃了幸福的婚姻生活。你说："不离婚是为了跟孩子在一起。"我知道，你是真心爱我的，你把我放在那么重要的位置上，对这一切，我真心实意地感谢你。

妈妈，我觉得自己被你小看了。因为你们老是吵架，因为有悲观的爷爷奶奶，所以你说，"我肯定不会健康成长"，你帮我划定了整个人生。可是妈妈，你其实并不知道全部的事情，对不对？

你为什么就认定我不可能在那种家庭里健康成长？你认定我什么都做不了，所以你就擅自决定消灭我？妈妈，你忘记我是一个活生生的人了！只要我还活着，我就永远有机会可以活得不一样。虽然你和爸爸都不完美，但是我凭什么就不能往更好的方向成长呢？

最让我生气的就是你根本没给我尝试的机会，你把我的机会剥夺了，然后还说是为了我。妈妈，你为我做的事我都很感谢，但是这件事，我却一点都没有感激的感觉，只是觉得莫名其妙。我明明不需要你"为了我"做这件事。下一次（应该没有下一次了），妈妈，可不可以不要再拿我做挡箭牌？

我们身上发生的故事，还会不会在下一代身上重演？
我们心里的那个小孩根本就没离开过。

一

　　春节期间，我跟一家老小在苏梅岛度假，闺密群里聊起携家带口密集度过 8 天假期的感受。

　　"带着孩子，不会跟长辈有观念冲撞吗？"S 小姐问，"平时你们真正交叉的时间也不多。度假，那可是分分钟钟在一起。"

　　她马上就到预产期了，对即将到来的一切既期待又不安。

　　"没多少冲撞，一天也就 250 回吧。"我回复。

　　S 小姐发来几个生无可恋的表情："那怎么办？春节期间同学聚会，都在说有了孩子之后家里的那些矛盾。真是奇怪，明明我们都成年很久了，怎么一有了孩子，又变成孩子了？"

　　"是啊，是啊。"兔子说，"老娘十几岁离家上大学，以为从此就算独立了，又过了十几年，似乎已经成熟到足够应对跟父母的关系了……"

我接着她的话说："是不是一有了孩子，发觉这个小生命到来的同时，又把我们的爸妈再一次带到我们的生活里了，然后我们会惊讶地发现，我们心里的那个小孩根本就没离开过？"

"真的是！今年过年，为了不让孩子在亲戚面前表演节目这种破事儿，跟我妈吵了不知道多少回。我小时候最讨厌被逼着在饭局上唱歌。"兔子的女儿3岁了，最近以孩子为中心的矛盾不断出现。

"所以得感谢孩子啊，让我们有机会正视那些误以为消失的问题。但你们有没有发现，它是我们的问题，却不一定是孩子的问题？"

二

就拿小孩子哭这个事儿说吧。

小朋友磕着碰着，受了委屈肯定免不了要哭的。小核桃在动物园看白虎表演，其中一只白虎没抢到肉，他伤心地哭起来。离开苏梅岛时，我们跟大海、沙滩、床、枕头告别，他也难过得眼圈泛红。

姥姥、姥爷急坏了。他们见不得小核桃有半点儿难过。

"别哭别哭，这有什么好哭的！""男子汉，要坚强！""哎，你看那个小姐姐笑话你了。"

这几句安慰语，曾经句句是我的死穴。

作为一个资深爱哭鬼，小时候常常因为不合时宜的大哭把我爸妈置于尴尬境地。要知道，孩子的哭在他们眼里可能意味着自己作为父母的失职，可能意味着这个孩子性格内向有问题，所以万万不可以。

"别哭啊，这有什么好哭的！""你看，人家在看你了。"很小的我，不知道是因为生气（什么叫这有什么好哭的，明明就很值得哭好不好）还是惭愧（我又哭了不该哭的，我真的不如表姐活泼开朗、讨人喜欢啊），总之，一听到这几句话，哭得就更厉害了。

第一次听到爸妈对小核桃说这几句话时，我打了个激灵，第一反应就是，必须阻止历史重演的悲剧啊。为此跟他们吵过好多次，我生气，爸妈委屈，小核桃不知所措，哭得更厉害。

我常常对着老公大声嚷嚷："你说，他们怎么就不能接纳小核桃的情绪呢？他哭，就让他哭啊！"

老公脸上写着：哦。

家里有一块小黑板，往常我们都随手画些无所谓的图案，我妈来帮我们带孩子之后，有一天，我看到上面改成："希望小核桃开心每一天。"我又指着那些字冲老公嚷嚷："你看！这就是我妈从小对我的要求，谁能天天开心呢？为什么我一不高兴他们就生气呢？"

老公脸上写着：哦。

三

后来我想通了两件事儿：

第一，我并不是小核桃。当我冲上去试图让我爸妈用我满意的方法去养孩子时，一定意义上，我挡在了小核桃和世界之间。说不定他对此没那么敏感，跟我的感受不同呢？如果他也觉得不舒服，他对此的处理方式又是什么呢？我没来得及等一等、看一看，一撸袖子就冲上去，是不是太高估自己，也太低估孩子了？

第二，絮叨和焦虑，是我爸妈表达爱的一种方式。或者也是因为他们的成长环境使然吧。哭泣对他们来说，关联的是从前的苦难和他们的父母的斥责。我又凭什么去制止和改变他们呢（何况也改变不了）？

一边用自己的方式心疼外孙，一边还要被女儿教育自己的方式不对，老一辈革命工作者也太惨了！

自从想明白这两件事，我们一家子都轻松多了。好吧，至少我轻松多了。小核桃哭的时候，只要我在，就带他离开围观的"群众"，溜达到别处。一方面是让姥姥、姥爷冷静下来；另一方面，我希望他听到妈妈的态度："为什么哭啊？是不是很痛、很难过？"他就会知道哭是很正常的，想哭就哭一会儿，也许就好了。如果没好，那我们就聊聊是怎么回事儿。

但多数时候，我忙着开会、忙着出差，他也一定会因为各种事情哭泣，姥姥、姥爷或许还会着急地说："别哭别哭，这有什么好哭的！"但没关系，他经历过爸爸妈妈和姥姥姥爷对哭闹的不同态度，我相信，他会有选择的能力和自由，在不同的时候，选择更适合他的态度。

什么？你问我会不会担心这个男孩长成一个爱哭鬼？一方面，到处都在说"男儿有泪不轻弹"，社会环境本来也没有给男孩子提供成为爱哭鬼的土壤；另一方面，我也真的不介意，当他成年后进入社会，闯荡江湖之时，遭受了什么重大打击，如果实在太痛，能回家对爸妈或他的爱人痛哭一场，那恰恰是作为父母的荣幸——说明他从小就知道，有人能够接纳他的情绪，允许他脆弱，给予他无条件的支持。

四

"所以你这是把自己给择干净了？"

"就让历史在那儿重演，你就静静地看？这不是冷淡吗？"

不管我怎么向她们解释，我并没有"静静地看"，我也在采用"不一样的方式"，S小姐和兔子还是在群里表示不同意。后来我想通了，她们也在用她们觉得"舒服"的方法，维系着各自的亲密关系。

我们在爱与自由之间花了很多时间和精力，这是生活里绕不开的。有时候走通了，有时候无限制地纠缠下去。

而对于我来说，某些时候的"冷淡"，是其他时候热烈的反应。

比如，一次很少发生争执的度假，反而多了一些跟父母闲逛聊天的时间。长假过去，我记得的是一起在沙滩溜达的那个夜晚。

海边的夜空，抬起头，感觉整个世界都是星星。

找回"消失的爱人"，终结"丧偶式育儿"

在家庭生活中学会放下掌控和安全感。

不错先生跟我同龄，骑行爱好者，肌肉结实，肤色健康，年轻时很像王学兵。

多年来，办公室里坐的多是女生，桌子上堆满了五颜六色的零食、文具和满是少女心的小摆设。他勉强开辟出自己的领地，规规矩矩地整理好，收纳有序。

一起春游，烧烤，扎帐篷。他体力好，手也巧，一个鸡翅烤得金灿灿的，调料涂抹得均匀。一堆女生围着，强忍着喜欢调戏他："你这种男生，娶回家该多好。"

他听了，嘿嘿一笑，说："看起来不错。"——这是他的口头禅，我常觉得这是他对付世界的武器。

果然，女生们听了这句话，意兴阑珊，恨恨地说："你这么笑，一脸褶子，看上去像范伟！"

不错先生的女儿降生时，我也才当妈半年。他跑来聊新手爸妈经，我一副过来人的姿态，自以为是地念叨：当妈妈有多辛苦，你们这些当爸爸的啊，哪里操得了这份心。没听说吗？世界上有种睡眠，叫作"婴儿……爸爸般的睡眠"。

他一如既往地嘿嘿一笑，等我说得差不多了，忽然没头没尾地说了一段：

"我前几天给女儿写了一封长信。

"好像从来没有给女生写过这样的信。但是你知道吗？除此之外我不知道还能做什么。在那个家里，我像个外人，完全插不上手。

"我想那就别添乱了吧，回去工作，多挣点钱给女儿读书用。然后我就变成妇女公敌了，被老婆、丈母娘、我妈，还有全世界的女性指责。

"应该有人关心一下我们这些新手爸爸。怎么做都是错。"

我听了这几句话愣住了，大概是我太习惯他的"看上去不错"，明明一直插科打诨地活着，干吗忽然这么严肃！

"小核桃醒了，要去喂奶。"我逃跑一般结束了对话。

那天小核桃刚好半岁，我带着他跟爸妈一起回老家已经住了快两个月。临走时，老公哭丧着一张脸，为难得要命。

"我舍不得你们。"

初为人父的这几个月，他自己也像个孩子，看什么都新鲜，晚上八九点下班回来，盯着沉睡中的小婴儿左看右看。长辈路过房间，常常笑他："你双手抄着裤兜，这是来家里做客吗？"

我失眠得厉害，他提出晚上亲自带孩子。这位新手爸爸换尿不湿要十几分钟，我跟着醒来，在一旁寒碜他："等你这片换完，又要换下一片了。"

半夜核桃哭，他迷迷糊糊爬起来，半天没弄明白发生什么事儿了。我早已经惊醒："我来吧，几分钟的事儿。"忍不住一脸嫌弃。

在那几个月里，月嫂负责婴儿的吃喝拉撒，爸妈负责照顾我的衣食，我负责产奶。带孩子回老家时，众人对着被留在原地的新手爸爸说："你这段时间自己好好休息……你白天那么忙，睡不好怎么行。你也帮不上什么忙，还跟着操心。我们会好好照顾小核桃的，很快就回来。"

那时还没有"丧偶式养育"这个词，身边的所有人都觉得正常。"男人就是不擅长照顾孩子啊。"一句话，死死封住了所有人的可能性。

是不错先生的几句话，给我当头一棒。

"我们是怎么变着花样把爸爸赶出了养育孩子的领地的？"忽然想起有一次小核桃生病，所有人围着孩子，在慌乱之中，一抬头，看到核桃爸爸站在房间一角，他在自己的家里不知所措。

我并不是真的不想让老公参与养育，相反，很多很多个夜晚，我不忍心吵醒父母，一个人抱着那个啼哭的小家伙在房间里走来走去。世界上还醒着的生物仿佛只有小区里被核桃吵醒的野猫，它们跟着叫，像一个个哀怨的孩子。

我渴望有人跟我一起蓬头垢面地慌乱着吗？渴望有人一起手忙脚乱

地对付这个新生命吗？

当然。

可是，到底是什么阻挡了这些渴望？

或许是价值感吧。长久以来各种人标在"妈妈"身上的那些意义：为母则刚、母爱深重……让我没办法放开手。

花了一些时间，我才意识到，那种价值感的最深处是什么。

是一种非常隐蔽的不公正与不平衡。

在生孩子之前，我们在职场中训练有素、雷厉风行。忽然天地翻转，被扔进一个需要 24 小时对付屎尿屁的战场。你一下子失去了半个世界。而你的战友，孩子的爸爸，他仍然在过去的世界里生活得井井有条。

除了让自己沉浸在"妈妈"的职能里，我不知道还有什么办法可以调节。

那些沉重的、烦琐的养育压力，在某种意义上也变成了一种价值的体现。我觉得慌张、矛盾，一边需要男人的参与，一边又害怕他参与。心底最大的疑问是，如果这些事他都帮我做了，那我的价值在哪里呢？

直到自己已经累得不堪重负。

《妈妈是超人》里，伊能静是典型的精细化育儿代表，事无巨细，带着 240 斤的行李和孩子去上海陪老公，忙前忙后，眼睛肿了也硬撑了一整天。秦昊呢，在孩子哇哇大哭时，手忙脚乱地把孩子翻来翻去，直到伊能静抱过孩子喂奶，孩子才停止了哭闹。

　　舆论一边倒地指责："秦昊，哪里像是当爸爸的啊，根本不了解孩子的需求。伊能静太可怜了，根本是丧偶式养育啊。"

　　那些感同身受的痛苦里，会不会也有一点炫耀的成分？

　　《奇葩说》有一期的辩题是"要不要做单身妈妈"，著名媒体人张泉灵一上来就说："根据片头的动画，好像是说，当了妈妈之后，白天要担心孩子掉进马桶里，晚上要担心孩子掉进油锅里。你们以为，难道有了爸爸，这些就不会发生了吗？你以为有一个婚姻，你们就不是单亲妈妈了吗？在中国大多数的家庭里，即便婚姻结构是完整的，但事实上，你们都会当单亲妈妈的。很多父亲，是缺位的。"

　　场上巨大的欢呼和叹息声中，会不会也有一点炫耀的成分？

　　这些说法，有时让我觉得被安慰。但是次数多了，我渐渐也有了一点警觉。这些说法真的可以让我们的生活变好吗？它在安慰我们的同时，难道不也是把关系中的每一个人推得更远了吗？难道不是在说我们自己很蠢吗？是说我们从一开始就选了一个这么差劲的伴侣，还是说我们注定要跟一个根本不能承担责任的"物种"共同生儿育女？

　　不至于吧，无论是我还是他，都没有那么不堪。

　　恋爱时，他们一定也曾蹲下来帮我们系过鞋带；搬进新家时，他们也曾笨手笨脚地研究过新买的家具。一定是出于某种信赖，我们才会选择这个"最优秀"的男人成为孩子的爸爸。在我们心底最深处，一定相信他们是"可以的"。只要我们不再怕，或者，当我们重新相信自己的价值的时候。

　　但我知道，对于辛苦承担这一切的妈妈来说，这种态度有些不近人情。如果你对曾经的我说，"你是不是正在做什么，阻挡了你的老公参与养育"，我一定会很愤怒和委屈。

所以需要一个过程，让事情慢慢地好起来。

好起来的这个过程，一方面包含了委屈感的消解；另一方面也包含了给爸爸发出更多一点邀请，为他腾出多一点施展手脚的空间。

事实是，在跟不错先生的那次对话之后没几天，我把小核桃带回了他爸爸身边。直到今天，爸爸冲的牛奶，还是常常有奶块没有完全化开；爸爸给核桃换的拉拉裤，偶尔还是会位置不对，导致核桃尿了一裤子；爸爸带着核桃，常常一上午忘记给他喝水。

可是那很重要吗？影响巨大吗？

并没有啊，不过是让小朋友感受到另外一种养育方法罢了——粗放式的、偶尔需要半夜起来换裤子的养育方法。核桃笑嘻嘻地说一句"笨爸爸"，换上新裤子，仍然缠着爸爸讲故事，一起玩乐高。他也学会了，如果口渴，是要自己讨水喝的。

我常常猫在书架前的地毯上加班，一坐就是一整晚，他们俩在阳台上嘻嘻哈哈，核桃时不时探出头来："妈妈，你好了没？"

一种我以前从来不敢设想的"架构"。

讨论"丧偶式养育"时，我跟朋友笑着说我们也是啊，只不过在我们的创业阶段，是妈妈的角色缺失得更多。常常到了晚上七八点，我们还在公司加班，电话接二连三响起，是爸爸们打来的，孩子们清脆的声音回响在办公室："妈妈，你什么时候回来？我要跟爸爸去玩了！"

王妍说，她的女儿多多是一定要爸爸哄睡的。是啊，她经常晚上10

点开始跟制作团队开电话会议，灵感不断，结束时已经午夜了。被爸爸哄睡的孩子，做的梦，又会有什么不一样吗？

有的朋友羡慕我们："你们俩的老公都太靠谱了，你们现在才有放手创业的机会。"

这一点我们很清楚，也深深地感恩。但我们知道，这并不是天然形成的配合；我们知道，这其中有过多少磨合、冲突和妥协；我们知道，为了自己的追求，我们在家庭生活中放下了多少掌控和安全感。

有时候我们会半开玩笑地说："也可能是因为我们都跑出来创业了，男人们才不得不在家变得靠谱起来！"

▷ 我们是怎么把孩子的好奇心给杀死的？
好奇心，是一种很珍贵的礼物。

一

一天之内，两次被小核桃搞得哑口无言。

前几天在下班路上发现了一片半个足球场大的草坪，中间开满了粉白色的花，平时被葱郁的树木挡住了，若不是花儿们招摇着，很容易就错过。

"喂，我发现了一个秘密花园！"我跟小核桃约好，假日带他去那里玩。

去接他时，远远看他左手拎着个布包，右手挎着一个纸袋。

"天哪，你拿了些什么？"

"我拿了一个足球，可以跟爸爸踢球，还拿了很多书。"

"秘密花园很近的啊，去去就回来了。"我犹豫着不肯走。来回也就半小时的事儿，何必带这么多东西。

"波米诺会喜欢秘密花园的。你没有看过，不知道，很精彩。"他把纸袋放到地上，扒拉着要给我找证据（波米诺是他最近很爱的一本绘本里的动物，一只粉色的长鼻子小象）。

我闭嘴了。"在太阳底下看书伤眼睛""草地会扎屁股"这些理由都见鬼去吧，小核桃要在秘密花园里遇到波米诺。

晚上正吃着饭，我忽然大叫："怎么办？我给你买的布丁落在专车里了。"

他前几天得了支气管炎，我们约定等病好了就买一大排布丁。"布丁很美味的。"他一边咳嗽一边舔嘴巴。

我跳到客厅里去翻手机，给专车司机打电话。还好他没有走远，答应送回来。

小核桃陪我一起下楼，我边走边碎碎念："幸好找回来了，一大排布丁啊，各种口味，好险！"

"布丁跟着汽车嘟嘟跑了，下一个上车的小朋友喜欢吃什么味道？"他完全没在听我说话。

我被戳了一下。东西丢了要找，东西丢了着急，东西丢了很可惜……可是小朋友却会问：东西丢了，它会不会有一次旅行？

好有趣。不是吗？让我想起《哲学与幼童》那本书里讲过的几个故事：

蒂姆（6岁）正忙着舔锅子时，问道："爸爸，我们怎么能知道一切不是一场梦呢？"

蒂姆的爸爸有点不好意思，他的确不知道该怎么回答。同时，爸爸问蒂姆，期待大人怎样回复他。他又舔了几下锅子，回答说："我并不认为一切都是梦，因为人在梦里，不会四处询问这是不是梦。"

伊恩（6 岁）感到懊恼的是，他父母的朋友带来的 3 个孩子霸占了电视机，他们不让他看喜欢的电视节目。"妈妈，"他用沮丧的口气问道，"为什么 3 个人的自私就比一个人的自私更好？"

作者马修斯说，罗素在《哲学问题》里、笛卡儿在《第一哲学沉思录》里都探讨过蒂姆提出的类似问题；而伊恩的问题，有可能跟"功利主义伦理学"挂钩。它们并不简单，所以当我们不知道怎么回复的时候，至少不要小看了孩子。

这些问题并不是无足轻重的。

二

什么？研究哲学？对父母的要求也太高了吧！多数时候，我们都是这样回复孩子的："你在想些什么乱七八糟啊，傻孩子。"或者跟身边的伴侣说："小孩子真可爱，脑袋里整天想什么啊。"然后继续说所谓大人的话题。哦，还有一种情况是，我们根本没听见，因为那天的家务和工作都有点儿多。

有一次我在早教班听到这样的对话：

"快走，回家吃饭了。"

"不，我想再玩会儿。"

"有什么好玩的，这几个积木玩了800遍了。"

"妈妈，这个球在太阳下怎么跟上次不一样了？"

听到最后一句，我忍不住凑过去看了一眼，球上沾了水，阳光照到水滴上折射出了微微的光，的确跟以前不一样。"好厉害，这都被你发现了。"我看了那个小朋友一眼。

"哪有什么不一样，快点儿快点儿，到点吃饭了。"小孩子被妈妈拖拉着走了。

明明就有不一样啊！我替这个孩子气愤。

麻烦你，不要一巴掌把孩子的好奇心拍死嘛。我暗暗握拳。

但我忽然又想，也许那个妈妈是真的赶时间，也许家里还有老二等着喂奶，也许她已经忙得团团转了，房价、户口和入学资格，哪有时间去观察什么折射。

"麻烦你，不要一巴掌……"这种话，也有点太想当然了。

大人也很不容易啊！我叹了口气。

也许每个人在粉嘟嘟的时候都是那样的吧，对世界充满好奇，有无穷个"是什么"和"为什么"，后来的后来，都被一巴掌接一巴掌地拍成了房价和户口。

好奇心，是一种很珍贵的礼物。

刚开始会说话的时候，每个孩子都是好奇宝宝，他们每天问几百个"为什么，这是什么"。等语言能力进化一些，他们更是提出各种奇趣的问题，关于宇宙、人生和周围一切事物。好奇是他们与这个世界联结的方式，他们并不觉得提出古怪的、匪夷所思的问题有什么不妥。

他们提的问题，我们并不一定真的懂，但是，我们不感兴趣了。

那是我们的遗憾，恐怕也是成长的代价。

有一期《奇葩说》，辩题是"得高等生物的蛋该毁灭吗"。

在大家从各个角度讨论了这颗蛋之后，黄执中站起来，推一推眼镜，说："一个外星蛋，真正在问的是什么？呵护还是毁灭，真正要说的是什么？真正在说的是好奇心和安全感。"

他改造了辩题，角度"陡峭"，但是说得真好。

"好奇心是探索的动力。认识新朋友，是探索；走出家门去上学，是探索。好奇心是尝试的动力。"

"但是它有一个小小的敌人，是安全感。安全感是很重要的，如果不安全的话，会死。可是一个人如果没有了好奇心，虽生犹死。"

"一颗外星来的蛋，你要把它毁灭。难道你不想知道它会孵化出凤凰还是龙吗？不想，因为它对我来说不重要。重要的是，明天上班不要迟到，业绩要达标。"

"世界上有没有龙关我什么事儿？你这样想，你死了。"

"我们曾经活过。因为我们曾经都是小朋友，我们每天都在问为什么、为什么。尼斯湖水怪，我会不会碰到？"

他面对全场，问大家："生活对你们做了什么？"

"当你的小孩子津津有味地翻看他的武侠小说的时候，他就在孵蛋。孵出来的也许叫荒废课业，也许叫……新世界。"

"可是这个世界有种人叫拍蛋者，他们会说：'别看，安全点，别想这些有的没的。'"

最后他说了一句话："只要给小孩足够的时间，他就会从一个孵蛋者变成一个拍蛋者。"

观众席上有个男生泛起了泪光。也许是想起了自己那堆被扔掉的武侠小说吧。他衣着整洁得体，一瞬间又恢复了笑容，应该也是意气风发的精英。在刚才那几秒的时间里，他也许在安慰自己：你看，即使蛋被拍碎了，我仍旧成功，人生在向上。

不过，那微微的动情是真实存在的，他缅怀的是失去的某种可能性，又或者仅仅是他失去过的"有趣"。

好奇，有时候可以帮助我们在成人世界里过得更好。

我问过李松蔚："你觉得做心理咨询师，最重要的天赋是什么？"他想了半天，换了好几个词，最后定的是：好奇心。

他的确是一个对人充满好奇的人。很多次我们一起聊天的时候，聊到某个观点，我立刻有结论了，他还在不停地说："慢一点，慢一点，我没太听懂……"

我以前总在想，那是不是他做心理咨询的技巧。后来我发现，他可能是真的不懂。

因为不懂，他就会提很多问题。而常常就在我不耐烦的时候，我发现这些琐碎的问题竟然真的打开了新的视野，让我想到了从没想过的答案。

我问他："培养好奇心，最重要的是什么？"

他又想了半天，换了好几个词，最后定的是：闲。

"慢下来，"他说，"慢下来自然就好奇了。"

你也许会觉得，说得简单。生活早就把我们变成了一个个风风火火的拍蛋者。

可"慢"有很多种，我们依然可以在商业社会中训练有素、高效能动，但我们也可以同时保有一份好奇心。我告诉自己：让我来孵一个蛋试试。

嗯，一个叫小核桃的蛋。

"你不喜欢吃鸡蛋黄啊？"今天早上我问他。

"嗯，你要是我，你也不会喜欢吃的。"

啊！小小年纪挑食，营养不均衡怎么办？

我正急着想做点什么，他又来了一句："哎，你要是我，那谁是妈妈？"

一下子被逗得笑起来，忽然觉得，不就是一天不吃蛋黄吗？他正在想的问题，可比每天摄入的营养物质比例要有意思多啦。

做个有趣的人吧，跟孩子一样。

现在，我要慢慢想一想，怎么跟小核桃把这番对话继续下去。

▷ 我就是兼顾不好事业与家庭，要你说！

任何一种结论，都是一种对"不够完美的现状"的粗暴否定。

一

闺密转给我一篇文章："你看看，这篇很适合你。"

我一看，题目是《最鸡血的谎言：你可以兼顾事业和家庭》。

文章写得真好，逻辑清楚，材料丰富，证明了女人当妈之后，想要兼顾事业和家庭是一个彻底的幻想，没必要给自己这种不切实际的压力。

闺密说："怎么样，是不是很安慰？"

我说："滚。"

老有人问我，你工作强度那么大，孩子才 3 岁，这怎么兼顾得了啊？

听到这种问题，我总是气不打一处来。这问题听着就像在说"你肯定是两边都没顾好"。之所以很气，是因为……的确也没兼顾好。

周六上午我窝在沙发里看书，一抬头已经 10 点了。我哇哇叫："明明应该带你去幼儿园咨询入园的事儿的，但我只想在家看书。怎么办啊？我是不是很不靠谱啊！"

小核桃一边玩乐高，一边头也不抬地说："没关系啊，你还是会陪我去的，然后回来就可以看书了。完美！"

就跟那篇文章一样，有理有据，有情有义。可别小看孩子，他们早就看透了一切，应对这个不靠谱的世界时，比很多顾前顾后的大人还要自如得多。

在当妈这件事上，我的确是太不靠谱了。

常常看到小核桃鼻子里堵了好几颗鼻屎，放任不管。偶尔不安，心想别人家心灵手巧的妈妈肯定会把孩子的鼻屎清理得干干净净吧。问他："你鼻子里好多鼻屎，难受吗？""不难受啊。"他正在床上蹦来蹦去，一头汗。"那就好。"我像是得了圣旨。

"我今天有点儿饱饱！"他有时候会在饭桌上表明自己的态度，但明明就还没有平常吃的多啊。我也只是想想，还是会看着他自己一溜烟下了饭桌。直到姥姥来告状，说："你们是不是早上没喂饱孩子，他不到中午就饿了！中午吃了 10 个饺子！"我正在开会，看到信息马上松了口气："你看，我就知道小孩子自己知道饥和饱，他饿了会吃的。"

前段时间我俩在 iPad 上重新玩《纪念碑谷》，每天睡前欲罢不能，被姥姥警告过好几次："他白天经常说眼睛不舒服，你们自己看着办！"我俩这才商量了一下，决定暂别美妙的奇幻世界，过几天再玩！

睡觉时间总是一拖再拖，他赖在游戏毯上不肯跟小火车告别，我刚好还要加班，我们意见一致，往往拖到 11 点才上床。一整天连轴转实在太累了，一贴枕头就睡着了，他翻来翻去叫我："妈妈，我睡不着。"看我没什么反应，自己翻腾几下，也睡了。

写到这儿，仍然觉得好愧疚，说好的睡前陪伴呢？

还有更郁闷的，出差时我又会惦记家里的那个小家伙，责怪自己在他身边时不好好陪伴他。工作受挫时，我常常想："都没有好好陪过小核桃，就为了这破工作，忙来忙去，到底是为了什么？"

一个大写的纠结的人生！

但是很奇怪，看完讲"事业和家庭本来就没办法兼顾"那篇文章，得到一个"没人做得到""不可能做到"的结论，我却没有释怀，整个人反而有一种莫名的不舒服，心想："跟我说这个干吗？"——那种论调根本没有安慰到我。

看到一位读者在那篇文章下面留言：

"千万不要被黑鸡汤误导，都是在找标签。全职妈妈就会转《3 岁前他的生活决定了今后的方向》，事业型妈妈就会转《不要因为小孩而失去自我》，找平衡的妈妈就会转《事业和家庭，你值得拥有》……朋友圈的人生，都是滤镜人生。"

这条评论得到了 1000 多个赞。我觉得说得很对，可是接着又有些疑惑，那我这种妈妈会转什么呢？以上三条都不符合我复杂的内心世界，我既没有为了孩子的完美成长放弃工作，也不算事业型妈妈，还常常抱着小核桃大叫"啊，你已经长这么大了啊！我错过了什么啊"。至于平衡，从来没找到过，不过是两头来回忙乎，常常觉得自己两头都没顾好罢了。

"你说，我到底是在纠结什么？"我问朋友。

"唉，人家不过是想安慰安慰你，别较真。"朋友跟我说。

二

有一次聚会，见到一个算命算得很灵的人，大家鼓动我说："来让她给你算一下，看你会是一个好企业家还是一个好妈妈。"

我逃命一样地跑掉了。

他们后来还劝我："算一下怕什么嘛，她算得超准的！"

准？算得越准，我越不想知道。

我意识到，我其实并不想要一个结论。

我们的生活和抉择都不容易，有时好像的确需要一句话来安慰自己：

"是的是的，孩子在 3 岁前就是要受到最好的照顾，所以你辞职是对的。"

"没错没错，失去自我太可怕了，你就要追求自己的事业。"

"你看你看，平衡家庭和工作本来就是不可能的，大家都做不到。"

看上去，这些"结论"式的话是安抚人心的，但你知道我听到后真实的感觉是什么吗？

——就这样吗？哦，就这样。

仿佛一记如来神掌，一下子就能把那个铆足了劲儿、正在经历九九八十一难的猴子扣在原地。过往的每一次艰难和前进，都被那轻飘飘的一掌打成了一个结论。

我想起了一个正在创业的女性朋友。她每天晚上都工作到 10 点多才回家。女儿睡前看不到妈妈，有时候半夜醒过来，会跑到妈妈床头看她。可是我那个朋友太困了，起不来，又迷迷糊糊地睡过去了。

她早上醒来，问女儿："昨晚是你跑到我房间了吗？"

"嗯，妈妈，我太想你了。"她女儿说。

"那你怎么办？"我听得两眼泛酸。

"能怎么办呢！我请了很好的保姆照顾她。自己只要休假，就坚决不看手机，切断工作，不管我女儿有什么需要，那一天我都尽量满足她。唉，谁叫我平常对不住人家啊。但是只要一开工，就只能是晚上过了 10 点才回家。"

你说，她这么努力，算是兼顾了事业和家庭，还是没兼顾呢？

"兼顾或者没兼顾"这种结论，对她、对我、对每一个努力着的妈妈来说，根本不是安慰，而更像一种否定，对"不够完美的现状"的粗暴的否定。

在那些"不能兼顾"的背后，又有多少心酸、不安、愧疚。为了多找到一点点所谓的平衡，有过多少次想方设法地前行、从没停止过的努力。这些，哪里是几个字就可以概括的！

这是生活本身，不是一句话。

我不接受这样的结论。或许它是对的，可它太过轻巧，配不起生活本身的美妙和苦痛。

相比毫无疑问的结论，我更愿意在挣扎和纠结中体会生活本身。

而在我想做的事情面前，任何结论——哪怕它事后被证明是正确的——都不能阻挡我。大不了就是"不能兼顾"吧，我也不想假装理直气壮地说"根本不可能兼顾"，好像就此可以缴枪投降似的。

我知道自己不是个优质好妈妈，在事业上也会磕磕碰碰，但那又怎样呢？我仍然不接受被一句话定义的人生，因为我想要的实在太多，对这段人生路上的折腾，实在有按捺不住的期待和好奇。

不要告诉我，有人已经看透了我的未来，我无论怎么做都是不自量力。因为这个世界上就是有人不接受这样的结论。你还记得阿甘妈妈的这句话吗——

Life is like a box of chocolates, you never know what you're going to get.

总担心老人带不好孩子，或许是你在惩罚自己

情绪的自我维持。

猫小姐最近的噩梦是"儿子好像跟我没那么亲了"。

这位文艺女不安于大学讲师的身份，参与很多社会活动，做项目忙起来就把儿子放在外婆家。"我儿子有些坏习惯，着急起来会打人，不会自己小便，有时候尿到地板上，我妈就凶他。这怎么行啊？他越害怕，肯定越控制不住。"

"我总不能去改变我爸妈吧，他们看孩子已经很辛苦了，我挑三拣四也没底气。是我没做好，如果我把孩子带在身边教育，小朋友不会出现这些问题的。"

"没那么严重啊。"我们安慰她。

她就像没听见一样："我在想自己是不是选错了，那些所谓的追求，到底是追求什么？"

说到这些，她神色黯淡，完全没有聊张爱玲和麦卡勒斯时的神采飞扬。

养乐多 2 岁多的时候，妍姐所在的公司做战略调整，整个事业部搬去上海。如果她要跟着走，那么就只能周末回杭州见养乐多。那时她想，杭州离上海也就 1 个多小时车程，没事儿的，在承受范围内。

她接受了公司安排，搬去上海，投入到热火朝天的"革命工作"中。有时候出差拍摄，一去就是十几天。

那段时间，朋友们跟她的聊天发生了微妙的变化："养乐多还好吗？""你不想养乐多吗？""她跟你见面会生分吗？"有时候会发给她一些文章，比如，3 岁之前，不要跟孩子分离超过 3 天，否则小朋友会没有安全感，对她长大后的性格很不利。

妍姐只是听着，不说话。次数多了，一颗心摇晃了一下。

她再回到家，看着养乐多，这个小家伙挑食，只吃肉不喜欢吃菜，有时候三四天拉不出屁屁；经常生病，感冒发烧；她还特别认生，见人会躲……妍姐脑袋里像是列了个清单：1、2、3、4、5，处处都是自责，"如果不是我把她扔在家里不管……"

那天清晨她匆匆忙忙跳上去上海的火车，正对着车窗倒映出的那张困倦的脸发呆，身边的同事随口问了句："哎，养乐多又变成留守儿童啦？"

这句玩笑话，是压倒妈妈的最后一根稻草。

她在火车上崩溃大哭："我做这些到底有什么意义？连孩子都管不好，我这算什么！"

我出差的时候，会收到爸妈发来的小核桃的视频。小区里有一个篮球训练班，一群大孩子跟着教练在练习运球。小核桃拿着一个破皮球，颠颠儿地学。他穿了一套完全不搭的衣服，那个裤脚如果仔细挽起来，是帅气的垮裤，如果随便一挽，活脱脱刚从田间劳动回来的汉子。

视频里的小核桃，红上衣，没有挽好的绿裤子，抱着一只蓝色的破皮球，跟在一群不怎么待见他的大孩子身后。

我在出差的路上看到这样的视频，心里会揪一下。我不敢问，小区里那些全职妈妈带出来的孩子，是不是个个都打扮得洋气又精神。

"如果不是因为我没有时间管他……"

他在一次体验课上做自我介绍，张嘴一句"大家好！我是小核桃"，教室里其他家长忍不住笑出声来，我才发现，因为学说话的阶段他长时间跟我爸妈在一起，青岛口音浓郁得化不开。

他有时候很"退缩"，遇到难事儿会放弃，说句"你来吧"，就丢开不管。我猜想是姥姥、姥爷太宠爱，在他伸手之前帮他摆平了一切。

他第一次上早教，被旁边的小女孩抢了玩具，小女孩一转手推了他，他一个趔趄，慌了神，忍了3秒钟，终于放声大哭。我抱起他，跟着掉眼泪，心疼得像一截麻花拧在一起。如果不是因为我的疏忽，如果他被我带在身边长大，他不会这么不知所措，他肯定会很有力量，处理得很好。

那段时间，我很痛苦。科学养育的文章铺天盖地，我被吓到了。我应该自己带他啊，隔代养育有那么多问题，我竟然不去伸手阻止。他最关键的成长期就是这几年，过去就过去了，可是我做了些什么？我只顾着满足自己的虚荣心和欲望。

小核桃身上的那些所谓"问题"，时不时会跳出来戳我一下。它们被无限放大，填满了我的视线。在他身边，我变得很烦躁，想要别开脑袋，不看不听不想。

老公安慰我说："没有你想得那么夸张。"我冷笑："你懂什么！你自己也不关心！"

那时候我像是一只刺猬，扎自己，刺别人，把所有问题归咎到自己的失职上，它们让我开始怀疑自己的选择。

像是一个旋涡，你明明想离开，却深陷其中。

后来有一天，开车时听了一个 TED 演讲。

有一对双胞胎兄弟，从小一起长大，形影不离。大学去了不同的城市，兄弟俩约定好，生日那天晚上 8 点一定要通电话，祝对方生日快乐，共同庆祝。

这是他们之间雷打不动的约定。

又到了一年的生日，弟弟早早等在电话前，想要好好跟哥哥分享这段时间的一些趣闻。可是 8 点到了，没有电话，一直到了 9 点、10 点，电话都没有响。

弟弟很难过，觉得哥哥一定是在大学里认识了新的朋友，他们给哥哥庆祝生日，应该玩得不亦乐乎吧。

零点钟声响过，弟弟决定不再魂不守舍地守在电话附近了。

"无所谓，不就是一个生日嘛。"

"明年我也可以找一帮朋友一起嗨。"

"他那帮朋友，应该比我有趣多了吧……"

就这么过了一夜，弟弟辗转反侧，几乎没睡着。早上想起要跟同学沟通什么事情，他走到电话机旁准备打个电话，竟然发现电话线不知怎么回事没有插上！

他忙不迭地插好电话线，只过了几分钟，电话就响了。

电话那头，哥哥的声音疲倦沙哑，他近乎咆哮着说："你出什么事儿了，一晚上都不在！这一夜我每隔几分钟就给你打一次电话！你是不是忘了我们的约定了？"

"对不起对不起，是电话线没插好，我也以为你怎么了，是不是忘记我们的约定了。我也很难过，一整夜都没睡，我完全没想到是电话线的问题。"

"可是……"哥哥迟疑了一下，"有一个问题我不明白，你没有接到我的电话，为什么不给我打过来呢？那样你不就发现电话线没插好了吗？"

开着车，我觉得心里哪个地方动了一下。是啊，旁观者肯定也很不理解，为什么不主动打电话呢？为什么要一个人在那儿自怨自艾？有那么严重吗？

但我很能理解那个弟弟。

我在想，如果是我，我也不会打过去啊。

那个演讲里，弟弟后来成了一个心理学家。他是这么解释的，他说：孤独这种情绪，一旦产生，就会自我维持下去。这种情绪会让你隔离自己，看不到其他所有可能，然后越来越孤独。

"情绪的自我维持"，我记住了这个概念。

你是不是也有过"悲伤到不能自已"的时刻？"越哭越伤心"这句话可真准确，各种难过、委屈会在那个瞬间压过来。本来是可以过去的事儿，在那些眼泪里，就变成了"我过不去，这件事无论如何过不去"。

你跟爱人吵架，剑拔弩张。你知道这时候如果能紧紧拥抱，也许一切就好了，可当他想抱你的时候，你却恶狠狠地把他推开。"走开！不要碰我！"你大声喊，直到他也怒气冲冲，掉头就走。

如果可以定格在那个瞬间，你会发现，你被什么给绊住了，它们像海藻般缠绕着你，让你一路摔跤。

你觉得自己很糟糕，"什么都做不好"，"没有人喜欢我，我不值得拥有这一切"。

明知道是一口深井，可是陷入情绪旋涡里的你什么都顾不得了，你剪断了绳索，主动把自己跟这个世界切断，眼看着掉进井底。

"没那么严重啊。"人们这样说，他们站在太阳底下，"积极行动起来！事情没有你想的那么糟，看到那些好的地方，不要沉浸在那点儿情绪里！"

他们说得都对，但你做不到，你站在阴影里，只有自己一个人。

不知道是悲伤放大了悲惨，还是悲惨灌满了悲伤。

事情真的有那么糟吗？我问自己。

现在小核桃快 4 岁了，我也早就从那些情绪旋涡里走了出来。

出差很久回来，看到姥爷在教他拳击，小小的人儿，出拳速度竟然还挺快。姥爷把家里的秋千椅摘掉，变成一个单杠，托着他的屁股，练习"翻滚吧少年"。

妍姐说，养乐多跟姥姥玩过家家，自己是医生，姥姥扮演病人，她说："我要给你打针了，你要喊痛哦，要很痛的那种哦。"姥姥嗷嗷叫唤。祖孙俩在家里进行各种"无实物表演"，两人玩得都很开心。妍姐心里一动，她从不知道自己的妈妈有这一面，她全情投入，很可爱——对，是可爱，我们很少用这个词形容那些已经老去的人。

同事笑笑听到我们聊这些，忽然说："你们知道吗，我最怀念的就是跟着姥姥、姥爷一起长大的日子。姥爷好有趣的，他会做木工，还会给我做蛐蛐笼子。我的爸爸妈妈反而挺没意思的，满脑子都是工作。"

我跟妍姐默默看了对方一眼，都有点不好意思。

谁说不是呢，跟孩子在一起的我们，心里总是挂念着别的事情。可是长辈们，他们用曾经的焦虑和忙碌，沉淀了现在的安稳和耐心。我妈给小核桃扇扇子，一扇就是半小时。

当然，我并不是说隔代养育比父母带娃更好，也不是说隔代养育就没有问题。我尊重那些花更多时间陪伴孩子的父母，也尊重那些对隔代养育的负面意见。但那毕竟只是一个结论，结论是在说一个整体的情况，可是具体到这个人，还有那个人，每个人的经历和感触都是不一样的。

不要被结论吓住啊，至少要试着看一看不同的可能性。

现在的我，当然还会常常自责，但是不会停留很久。如果有条件，可以亲力亲为，自己带孩子，那是很好的。但生活有一百种选择，我们伸手触碰了其中一种，它带来了困难，但所有困难中都有一些资源，如果我们从情绪旋涡里努力抬起头，是可以看到事情的另一面的。

写这篇文章时，跟小核桃说好了："妈妈要写一篇东西。给妈妈一个小时，你先跟姥爷玩吧。"然后呢，听到隔壁传来一阵阵"小白兔，你好，我是小棕兔"的声音。

"小棕兔你好，我们一起去探险吧。你看，那里有只喵喵。"这是接近 60 岁的我爸的声音，沧桑又纯粹，有一种奇妙的冲突感。

特别动人。

不要打着"为我好"的旗号，光明正大地忽视我

你倒是睁开眼睛，看看我啊！

一

下班回家，妈妈拉着我说："今天下楼玩的时候发生了一件事！"

我赶紧拿了块西瓜，盘腿在椅子上边吃边听。

每到傍晚，一群妈妈或是姥姥、奶奶总会带着孩子们聚集到小区的游乐区，孩子们冲向秋千和高高低低的攀爬设施，家长们一边聊天一边给宝贝们驱赶着蚊虫。

只要天气舒适，这是日常的每一天。今天也一样。

忽然，小米粒哭了起来。

带孩子的，对哭声都有了免疫，大家三三两两地继续闲聊，没在意。可是小米粒越哭越响，抽泣着说"我错了"，可怜兮兮的。大家渐渐围过去，问："怎么回事儿啊？"原来是妈妈在教育他："你怎么可

以抢弟弟玩具，跟你说了多少遍，这样很没礼貌！道歉！现在马上道歉！"推着他去道歉。

问了缘由，是小米粒看上了东东的玩具，伸手去拿，东东不给，两个小朋友推搡了几下。

这种事儿三五不时会发生，一般大家劝两句就散了。可不知为何，小米粒的妈妈今天格外生气，好像自己儿子做了天大的错事，非要认错，说出个黑白分明来。

目睹了全部过程的市民王女士（也就是我妈）觉得很奇怪。热心如她，回家后还是放心不下，忍不住给小米粒妈妈发信息："今天怎么了？这么严厉地在大家面前批评小米粒！他是大孩子了，也要顾及他的感受啊。"

"我也是给小米粒一个教训啊，懂规矩总是好事儿。这么严厉地说了他，以后他就长记性了。"

"不过你也看出来了啊，我是故意做给东东妈妈看的。东东常常抢别人东西，但东东妈妈从来不制止东东，也不道歉。就像今天，其实东东动手更厉害，我这么说小米粒，她还是没任何反应。"

What？我没听错吧？孩子是块西瓜吗？是你的道具吗？你明明气的是另外一个大人不懂道理，不会教育孩子，你们大人之间是不会直接交流的吗？打着"为了孩子好"的旗号，把一个孩子弄得哭哭啼啼在那儿道歉，很威风是吗？

想象一下，有一天你儿子当着邻居的面不给你好脸色："你怎么回事儿啊，说了多少次，不要在楼道里放这些箱子，这些破烂有什么好留的啊，堵着防火通道很危险，你怎么不长记性啊！"转身他对你说，"我刚才是做给隔壁小王看的，他们老在公共场所放一堆有的没的东西，特没公德心。"

你什么感受？我就不信你不会跳起来，冲着你儿子后脑勺来一掌，"你是没胆啊！有种直接去说！当着这么多人的面，冲你妈在这儿嚷嚷，有本事啊你！"

一着急，我没吃完的半块西瓜滑到了地上，可惜死了。

二

陪小核桃在早教中心上独立课，孩子们被要求独自在教室里完成一个半小时的课程。有些孩子适应能力很强，潇洒地跟妈妈挥手再见；也有几个孩子还没做好准备，拉着妈妈的手有点儿慌张。

忽然听到一阵号啕大哭，伴随着哭声进来的是个男孩子，长得好漂亮，长长的睫毛上沾满了泪水。"我怕，我不要。"

先是奶奶出场，一路拎着他，几乎是"扔"进教室。"哭！有什么好哭的！"说完转身就走。

"不要，我怕。"他抱着奶奶的腿，"不要走。"

奶奶挺直腰板，义正词严地说（注意，前方台词高能）："有什么好哭的！哭有什么用呢？你是男孩子，哭能当饭吃吗？你再这样，我马上就回家，留你一个人在这里！"

拉拉扯扯之间，男孩子还是跟出了教室。

孩子说："我怕。"奶奶说："你不怕。"

妈妈出现了。出乎意料的是，台词如出一辙："你又来这一套，再这样，我跟奶奶马上就走。你再也不要想着来上课了，就在家里待着吧。"

那个好看的男孩子，流着泪，叫着"妈妈我怕"，一路跟着。

到底是妈妈，谁受得了孩子哭成这样，她终于停下脚步，语重心长地跟儿子说："没什么好怕的。你怕吃饭吗？上课跟吃饭是一样的。"

……

她们那么正确、那么坚决，抬头挺胸，绝不妥协。

自始至终，没有人蹲下来问过一句："宝贝，你说你很害怕，告诉我，你在怕什么？"

想必她们也有自己的难处，这个"爱哭"的孩子，一定搞得她们很头痛。也许很担心9月要上幼儿园了，决定借着上独立课的机会，必须治好这个爱哭鬼。

在她们心里，这一定是为了孩子好，虽然现在痛一些，但总要长大啊。

只不过，在"为孩子好"的旗号下，她们却结结实实地"忽略"了孩子。

三

小核桃不想回家，扯着姥姥的衣角，呜咽着。我很奇怪，平常他总是很爽快："走啊，我们回家玩熊猫乐园！""爸爸，晚上回去玩星球大战！"一定有什么原因吧，我想。还没来得及问，姥姥一把抱起孩子："啊呀，没事儿没事儿，说好了妈妈下班要一起回家啊。"

小核桃更难过了，眼圈都红了，死活拽着姥姥不放。很明显，姥姥越是这样"推"，小核桃越是委屈。

姥爷也心疼了："男子汉，坚强！"

我哭笑不得，没有人看到他。很奇怪吧，姥姥抱着他，我们都在他身边，可是，他被忽略了。

我把姥姥、姥爷"请"出我们的交流范围，蹲下来，看着他："告诉我好吗，为什么不想回家？"

他说："我不想回去。"

"嗯，小核桃不想回家，那是因为什么不想回家呢？"

来回两三轮才弄明白，刚才喝了冰酸奶，他肚子有点儿疼，"不想走路了"。

我答应他："如果我一路背着你，直到你不疼了，再下来走。你想回家吗？"

"好！"他一溜烟穿上鞋，自己去按电梯了。

小核桃端出一个杯子，里面装满了经常玩的动力沙，不小心撒到了床上。爸爸急了："跟你说了多少次了，沙子只能在阳台玩，你干吗拿进卧室啊！你看，把床弄脏了。"

"这是我做的柠檬茶，给妈妈喝的。"我在阳台晒衣服，小核桃应该是想穿过卧室来找我。

爸爸愣了一下。眼睛里什么东西闪了下。

事后他懊悔不已，说："唉，要慢下来，我们太容易就去评价他了。"

跟着小核桃长大的过程，时常被这种意外所冲击——我们自以为是的"我就知道"，常常被孩子推翻，措手不及。

渐渐会把自己当成一个路人，只是坐在一旁，呆呆地看。

他在玩乐高，姥姥路过的时候，问一句"喝不喝酸奶"；爸爸走过来时，来一句"你玩好这一次，我们就要回家喽"。

每一次，小核桃都停下来，回答一句，又重新回到乐高的世界。没过几分钟，又有一个人在跟他说什么。

我有时候想把他们都拉开，"他在玩呀"，但我也没说出来。

如果出手干预，大家都各有各的道理："我也是为他好啊，他说不定渴了呢。""他应该早点回家，早点睡觉。"

可是这些道理背后，总觉得隐约有一句潜台词："多大点事儿啊！"

有没有人看一眼孩子，对他来讲，乐高也许就是一件很大的事儿呢！

四

我们真的不太有"看"到别人的能力。

老听一些朋友抱怨："我都做了这么多了，他始终不领情。""我为这个家付出这么多，他还是不满意。"总是忍不住问他们：你做了这么多，你很不容易，但是有没有可能，他需要的不是这个呢？

我真正好奇的是，我们有多少人问过对方，他需要的是什么吗？

太快了。

慢一点，我们也许就会发现，很多人明明眼睛看着别人，说出来的话也是以"你"为主语，但其实真正关注的，却还是自己。

"你怎么可以哭，你应该坚强！"——"我不想让这么多人看着我，你哭我很难堪。"

"你怎么这么不小心，你要保持家里的环境整洁啊！"——"我没有那么多时间洗床单！"

"你是一个男人，要承担起家庭的责任。"——"我可不想失去这种稳定的生活。"

我们"盯着"自己的意图和目的，全神贯注，这并没有错。

但为什么不能更直接地说出来呢？我想要什么，我就说。如果打着"为你好"的旗号，却看到的是自己，那"你"呢？对那个"你"来说，这会不会有点不公平呢？"你说你为我好，为什么我总感觉这么愤怒？"那些包裹在棉花里的委屈和愤怒，拉开了你我之间的距离。

那什么时候才能真正看到对面的那个人呢？他最真实的需求，他的高兴与难过，他在哭什么？又是为何激动不已？

"你倒是睁开眼睛，看看我啊。"

咱们这些做爸妈的，可不能双重标准啊

我们之间的沟通，至少应该是流动的。

一

看过主持人汪涵和歌手张宇的一次对话，聊跟自己孩子的关系。

张宇对自己的孩子说过："不管你以后跟女生结婚，还是跟男生结婚，我只希望你在结婚的时候打个电话告诉我。如果你愿意我去，我就去；你如果不愿意我去，我会送上我的祝福。你好也好，不好也罢，你让老爸知道就好。如果你遇到了不幸的事情，一定要告诉我。不要害怕告诉我，不要怕。"

汪涵说："我跟宇哥的想法一模一样。我的儿子才3岁，我觉得自己什么都可以为他做。明明他什么都不知道，但我什么都愿意给他。唯一的心愿就是，以后他长大了，有什么事情，只要告诉我就好。我40岁才要的孩子，小沐沐到20岁的时候，我已经60岁了，我什么都不能

为他做了。比如他被人欺负了，我一个 60 岁的老头，能怎样？所以我唯一的愿望就是，他能告诉我。"

那种因为担心自己被排除在外而不由自主的示弱，让人有点儿心疼。

曾经他是你的全世界，忽然有一天，你可能完全走不进他的世界。

我们为什么会有这种担心？是不是因为，我们曾经也拒绝让他走进我们的世界？

我在杭城 40℃的高温中写这篇文章时，小核桃到内蒙古草原避暑去了。他跟我视频，告诉我他吃了好吃的烧卖还有羊肉。"哇，我好饿，想吃。""没关系，我回去的时候可以买一些带给你吃。"他一本正经地跟我说话。在我成为妈妈之前，我从来不知道，小孩子是这样说话的。

如果他在我身边，像这样的周末，他会缠着我："妈妈，你别工作了，我们玩吧。你在干吗呢？"

"我在工作啊。你先自己去看会儿书啊，再给我半小时。"我常常这样跟他说。

忽然有一天，下班回家，他正在看书，我谄媚地蹲在旁边："你怎么不理我啊？"他抬头看了我一眼说："妈妈，我在看书呢。"脸上的表情恐怕是跟我工作时的一模一样。

我忽然意识到，小孩子和大人，其实并没有我想象的那样有那么大的分别。也许今天你还在烦恼着"小孩子好缠人"，一眨眼，他已经转向了整个世界。这个想法让我忍不住一激灵。

二

一个朋友跟我讲过类似的事。

小时候，爸妈经常在吃饭时讨论一些生意上的事情，他好奇地问："什么叫增值税？为什么会囤货啊？"他们说："大人的事儿，你不懂。"听到他们聊起一些朋友的事儿，他问："×××是谁啊？"爸妈说："我们的一个朋友，你不认识。"

他嗯嗯了几声，后来就不再问了。

长大以后，有一天妈妈因为一件事念叨他，他随口说："哎呀，这是我的事，你别管了。"

"我妈那一次简直是暴怒，我到今天都能记得她当时的表情，恼羞成怒，整张脸都在抽动，五官都在说：'你怎么能这么对我？我可是你妈！好，你不让我管是吧，我以后再也不管你了！'"

"我真的没有恶意，我只是以为长成大人，就是可以说'你不懂，你别管'了的。"

"做人怎么可以双标呢？他们就是这样对我的啊。"

"做人不能双标"，我喜欢死这句话了。在适度的范围内，父母按照自己的任何想法养育孩子，我都不觉得有什么问题。那是做父母的自由，我们用自己认为最好的方式与孩子相处。

但唯一有一点，就是不能双标。

你给了他什么，你就要接受他将来还你什么。你拒绝他什么，你就要想到将来他也会拒绝你什么。

像我爸妈，他们从来都不擅长表达感情。

"你不懂。"

"当着孩子的面，别说这些。"

——他们常常说这些话，用这种方式为我建构了一个相对安静和安全的环境。

"别哭了，有什么好哭的。"

"凡事要开心，要往好处想。"

——他们没办法应对我的不开心，认为负面情绪是不可以讨论的。他们太担心我的脆弱。

这是他们与我相处的方式，我一直都不觉得有问题，这甚至培养了我某种独立有主见的性格。尽管我并不那么擅长隔离情感，但我还是觉得，克制一下挺好的。我很少跟他们表达失落，忍不住要哭，也会一个人躲起来哭。哪怕是辞职创业这种事，也是先斩后奏，通知他们一声而已。

他们年纪大了以后，会略微对这种氛围表示不适，试图跟我把关系拉近一些，"创业嘛，尽力就好。"一旦嗅到这个信号，我会马上打个哈哈，转移话题。我用这种方式来表达："你不懂，凡事开心一点，往好处想想就好了。"就像小时候他们对我的态度一样。

一次、两次……他们也坦然（也可能是无奈）接受了。至此，系统再次达到一种奇特的平衡状态。

但如果当我成年，他们老去时，他们忽然要求我事事与他们详细沟通，充分表达情绪，那对我来说可能就太有挑战性了。

三

不要双重标准，有了这个准则，养孩子的时候要做什么不要做什么，就容易判断多了。

有时候小核桃一直追问："这是什么？"一问问几十遍。

"哎呀，不关你的事！"这句话马上要脱口而出的时候，我会停一停，问自己，你希望有一天小核桃这么跟你说话吗？

我很清楚，以我的玻璃心程度，那可受不了。哪怕他真的很烦我，我至少希望他说的是"我现在有点儿累，等会儿再解释"。

我们之间的沟通，至少应该是流动的。

因为我有这样的期待，我就要让他知道，妈妈也会哭，会很难过，有时也会因为一件小事高兴得跳起来。我要让他知道，在这个家庭里，这些事情是亲子之间可以分享的，彼此可以出主意。生活可能是巧克力，也可能是一坨狗屎，只要我们可以坦然地告诉对方，不必为此难为情。

他很小，我并不觉得他真的会懂。但我时常在跟老公讨论事情的时候，转头问他一句："你觉得呢？"

他才3岁，在仅有的词汇中，他常说的是"什么乱七八糟的"。但有一天，我知道他会参与我们的讨论。

我访谈过一个创业者，90后的小男孩，脑袋极清楚，来路演时，不用PPT，完全脱稿讲演，一屋子的十几个投委会成员也压不住他的气势。

访谈时我问他："这么年轻，也没创过业，怎么看待商业这件事？"

他说："我是单亲家庭长大的，家里经营着十几家 KTV 连锁店，妈妈经常跟我商量生意上的事情，从我很小的时候开始。我不懂商业，但是我很熟悉它。"

我想象那个单亲妈妈，在无数个没有办法的夜晚，把儿子当成自己的伙伴，两人有商有量地讨论着那些生意场上拿不准的麻烦事。

有人会觉得心酸："我可不想我的孩子这么小就失去童年，早早当家。"这也没问题。

但我喜欢这样的伙伴，所以我会按照这种方式去养孩子。

四

一次，在家里赶一份很重要的视频稿，第二天要拍摄了，稿子还是不够好，心里烦躁，忍不住找老公的碴，跟他吵了一架。

他还没说什么，我自己先趴在桌子上哭开了。目睹了全程的小核桃跑到我身边，说："妈妈，别哭了。"他用小手给我擦眼泪。"你先去玩，我还要哭一会儿。"我跟他交代了一句。

他坐在桌子底下一边玩汽车，一边陪我。

过了一会儿，我哭好了，也爬进桌子底下，问他："你知道刚才发生什么了吗？"

"不知道，什么乱七八糟的。"他说。

"嗯，刚才爸爸妈妈吵架了，妈妈气死了，所以哭了。不过我气的也不是爸爸，而是该死的工作。其实也不是气工作，而是气自己没做好。"说完，自己也不好意思地笑了。

"吵架不好玩。"他叹了口气。

"是啊，一点儿都不好玩。"我也叹了口气。

老公气得笑起来："你真是的，跟一个小孩子说这个干吗啊。全家最幼稚的就是你了，连核桃都比你成熟。"

话虽这么说，但我们都知道，因为我"幼稚"，他才会表现得如此"成熟"。

让他看到妈妈脆弱的一面，我其实也有点难为情。但仔细想一想，如果他将来遇到难过的事，我会希望他一个人憋在心里吗？我告诉自己：如果你希望他多表达一些，你要让他从小就知道，哭出来并不是什么大不了的事。当然，姥爷会告诉他："男子汉流血不流泪。"这也没错，整个社会不会给他太多流泪的机会，但在爸爸妈妈这里，眼泪和软弱、摔倒和挫折，从来不是"禁地"。

我相信他在社会中会有自己的一番天地，也支持他勇往直前。但是如果跌倒，掉入谷底，想要大哭一场，或者找人说说，我希望家是他的选择之一。

如果他在外面摔得头破血流，却只是跟我们报平安，我会很难过。

就像汪涵和张宇两位爸爸的心愿，希望孩子不管好坏，都能跟自己说一声。

　　如果你也有这样的期待，那我们自己，什么事也都跟孩子说一声吧，不管好坏。之后再告诉他们，不要怕，爸爸妈妈会解决，我们一起努力，会有办法的。

孩子太烧钱怎么办？想办法比 TA 烧得更多

对孩子的爱，首先来自一个完整的、自由的、从来不觉得生活委屈了自己的家庭。

一

Eva 是我的皮肤护理师，脸蛋光洁得看不到毛孔，腮红永远恰到好处。认识她时还以为她是个小女孩。

有一次我做完护理，她忽然凑到我身边，说："怎么办？婆家催着要二胎，烦死了。"这才知道她儿子都已经 4 岁了。

"你不想要啊？"

"倒也不是不想，就是觉得太烧钱了，孩子简直就是人肉碎钞机。"

估计看到我在朋友圈总是分享一些跟孩子有关的话题，她大概以为我是什么专家。

"哈哈，是这样啊。真的！我也觉得太烧钱了，所以一定要在自己身上烧得比他多一点！不然亏死了！"

Eva 举着给下一个顾客配好的瓶瓶罐罐，呆了 3 秒钟。

"什么鬼啊，你逗我呢吧？"她翻翻白眼走了。

很多人说起为人父母的感受，除了爱和惊喜之外，都会提到"责任"。

"第一眼看到那个小家伙，感觉自己身上有了责任。"最容易被察觉到的责任是经济上的，忽然要负担起另外一个生命的全部开销。婴儿时期是纸尿裤、奶粉、玩具和绘本，进入儿童期之后就是无止境的教育投入。万一以后还要出国上学呢？各种各样的理财书教育我们，你要有所规划，最好从怀孕开始就存一笔育儿基金，或者是对全家的开支清楚明晰，明确自己的收入水平和开支能力。

这都是负责任的表现。

但还有一点，就是要把最多的钱花给自己。这也是负责任的表现。

很多妈妈还在咂摸这句话的时候，爷爷奶奶、姥姥姥爷已经忍不住要跳起来了："有没有搞错啊，给大人花钱有什么用？当然是把最好的给孩子啊，委屈谁也不能委屈孩子啊。"

没错啊，把最好的给孩子——在世间所有的"最好"里面，就包括"最好"的爸爸妈妈。

公司新来的大表哥跟我们讲过一件事儿。小时候妈妈跟他说："为了给你报这个英语班，妈妈快半年没买新衣服了，你可要好好学啊。"

他本来还挺喜欢去上英语班的，打那以后，他发现自己没有办法再快乐地去上课了，因为那里面有妈妈半年的"牺牲"。

"如果我当时能选，是穿着漂亮衣服高高兴兴的妈妈还是英语班，我举双手双脚选前者啊。"

我小时候家里条件中等，虽然没感觉到窘迫，但也知道，爸妈要不松懈、努力工作才能维持家庭的总体开支。我妈年轻时是个美人，她很喜欢打扮我，记得我上小学二年级的春节，她在商场里看好了一件机织毛衣外套，很好看，但是也不便宜，她来来回回带我去试了两三次，最后终于买了下来。我好高兴，在家里穿着不肯脱，盼着大年初一快点到。

隔了几天，跟妈妈一起洗澡，忽然看到她换下来的内衣上有好几个小小的窟窿。"都破了你还穿啊？"我问她。妈妈说："你过年这件衣服太贵了，我这内衣嘛，又无所谓的。"

那年春节，我跟着爸爸妈妈到处拜年，所有人都夸赞我穿那件毛衣好看："从来没见过这种样式啊，真洋气。"他们夸得越起劲儿，我心里就有越多东西在翻滚——是羞耻和愧疚。我没办法在明知道妈妈穿着一件破了洞的内衣的情况下，欢天喜地地去接受以此为代价的华丽。那是我过得最不开心的一个春节。直到今天，看到穿着那件毛衣拍的照片，我都能感觉到那个寒冷的冬天里，一个小孩心里无处表达的自责。

如果时光可以倒回，我希望那年春节，穿一件普普通通的新衣服的我，拉着给自己从里到外换了新衣服的妈妈，欢欢喜喜去拜年。

二

我当妈妈之后，几乎没在花钱上委屈过自己。小核桃去上早教课，我心里嘀咕了一下，果然小朋友开始烧钱了，一节课 200，也只不过是涂涂抹抹画画。我忍不住撇撇嘴说："太贵了……"

老公在旁边说："你还说呢，你自己做一次面部护理要花多少钱！"

于是，我很不好意思地笑了。转头一看，小核桃也冲我笑。

我一直坚定地鼓吹，大人多花钱在自己身上，对孩子的心理健康是有很大好处的。

然后就收获了一堆白眼：那是因为你有钱才这么说吧？站着说话不腰疼啊。

我不知道"有钱"的判断标准是什么。只能说，我可以应付日常开销，但要说"想要什么有什么，闭着眼睛花钱也不心疼"，那怎么可能呢？有了孩子之后，我们家调整了各种消费习惯，进出之间多了很多分寸。自从创业以来，我不拿工资，工资卡一路负增长，就更谈不上"有钱"了。

即使这样，我也不允许孩子的开支占全家开支的大头。因为我不想要一个"一切为了孩子"的家庭。

Ms. 大表姐来我们公司做主编之前，做过助理精算师。她说，很多内地家庭去香港买保险，不管理财师怎么劝，他们都会给孩子买最大的保额，"要把最好的给孩子"。

买保险本来是一种理性的避险行为，但这种配置本身就是完全不理性的。一个理性的家庭选择保险的时候，是要以经济收入为顺序的，谁的收入排第一，就给谁买最高额的保险。

保护好最重要的经济来源，才能给孩子更好的一切啊。

就像坐飞机，如果遇到危险，第一反应是把孩子保护好吗？安全演示已经强调了，一旦遇到危险，大人首先要给自己穿好救生衣，戴好氧气面罩，再去帮助身边的儿童。

这跟给孩子花钱是一个道理。我首先是一个人，其次才是一个妈妈。

我当然会把我能给到的最好的给他，但前提是，我"能"给到的，首先需要扣除我们用来照顾自己的部分。一个家庭一年开支无论是 3 万、30 万，还是 300 万，只要一大半用在孩子身上了，这个家庭就一定有人在受委屈，那个委屈不一定是物质上的，而是精神上的。但受委屈的妈妈或者爸爸好像又不能表示什么，因为"一切为了孩子"是最正确、最主流的声音。

可是啊，这种委屈会藏匿在其他的事情上，它让我们没有办法"享受"金钱带来的快乐，而明明我们花钱是为了享受生活。

Eva 说："别的孩子都上国际学校，我给我儿子只是报了一个普通幼儿园，觉得对不起他。"

别的孩子也不是"都"上了国际学校。像我就没给小核桃报什么贵族幼儿园，首先是因为太贵了，其次是觉得幼儿园的硬件也没那么重要。考察半天，选了一家小私塾，条件极其一般，但是师资和理念非常赞，小核桃去试课时，也适应得不错。

我也会想，如果有一天，在小区溜达时，碰到把孩子送进国际幼儿园的邻居，我会觉得对不起小核桃吗？"如果妈妈少办一张护理卡，不买新衣服，不健身不买书，你就可以读那个可以学马术的幼儿园了。"

我不会。因为根本不可能有这个"如果"。衡量"最好"的标准绝不只是有钱。很多时候，"最好"的东西，只能由一个"最好"状态的人提供。当我们自己活得更滋润、更洒脱，有更宽广的生命边界，而不是紧紧盯住用"委屈"换取的那个目标时，我们才会看到更多。

三

很多时候，我们是活在自己的一厢情愿里，孩子跟我们想的不一样。我问我的合伙人——著名少女妈妈妍姐："你觉得委屈了养乐多的时候，她是什么感受？"

"哎呀，她没什么啊，小孩子啊，没什么感觉。"

你看，他们才是真正的强大，见风就长。去年冬天，公司刚成立，我忙到脚不沾地，忽然有一天，发现一整个冬天没给小核桃买拖鞋。急急忙忙买了一双，结果小了半截——他以肉眼可见的速度在长大，但我却没看见。

我妈听到这件事，心疼得不得了："你这个当妈的倒是没耽误穿，自己儿子连双拖鞋都没有。"

我笑嘻嘻的，一点儿也不愧疚。因为我看到的是，小核桃撒欢地跑，他的快乐跟有没有一双棉拖鞋毫无关系，而是来自我们睡前在床上打闹，来自哆啦A梦和大雄的冒险，来自妈妈浓浓的爱——我深知自己内心对他的爱有多深刻，它充满我的内心，流淌在整个家里。它让我不会因为一双拖鞋、一个幼儿园而愧疚，让我们不会感觉到匮乏。而那些爱，首先来自一个完整的、自由的、从来不觉得生活委屈了自己的我。

连续出了好长时间差，再碰到 Eva，她小腹已经隆起。"你想通了？不怕二胎更烧钱了啊？"

"富了富养，穷了穷养。老大不也这么长起来了吗？再生个弟弟，一家人，多好。"

她微笑着，摸摸自己的肚子，脸上有幸福的光。只有被生活滋养过的人，才会发出这样的光芒。

山鸡哥陈小春最 man 的时刻：对儿子说出"I'am so sorry"
爱吼孩子的陈小春，是怎么养出"小暖男"Jasper 的？

一

看《爸爸去哪儿5》里有陈小春，略感意外，青春记忆里的山鸡哥呀，一言不合就动手哎，好难想象他应对小朋友吃喝拉撒时的样子。而且从前采开始，太太应采儿叮嘱他要每天早上给儿子量体温，陈小春就一脸无所谓和不耐烦。他说平时儿子都是外公外婆带，全家都围着他叫"宝贝""宝贝"。然后还表明立场：我可不会那样！我可不会纵容他！

好担心 Jasper 会从头哭到尾。却没想到第一集就被这对父子圈粉了。

福建平潭那一集，从海边捞完食材，几个爸爸带着孩子回到自己的房间准备晚饭。Jasper 慢悠悠地走着，沉迷于村长李锐送他的扩音器，边走边玩。着急赶回去做饭的陈小春怒气值一路飙升，终于爆发了。

"你在干吗！Hurry up!"气压低到负数。

其实陈小春的"凶"从节目刚开始就表现出来了，活泼的 Jasper 被陈小春抱进车里后，开心地转来转去。陈小春上车后，立马面无表情地喊道："坐好，OK？先坐好。"节目中，当 Jasper 获得村长的允许，在一旁挑选李子作为自己奖品的时候，陈小春一脸无奈地走过去，一把托起 Jasper，扔掉了 Jasper 握在手中的李子。再后来，可怜的 Jasper 在后面弱弱地喊着："你们等我，你们等我。"亲爹陈小春在前面健步如飞，回头看着远处的儿子，还一脸不耐烦地说："Hurry up!"

我已经在等待 Jasper 哭鼻子了——难道不是吗？很多小朋友被这么一吼，要么不敢说话，要么就撇嘴大哭。而且你也知道啊，春哥那张垮下来的脸是有多吓人，气氛真的超僵，连我这个吃瓜群众看得都有点儿慌。

然而，Jasper 的回应却出乎意料，他先是理智地问生气的爸爸："What's wrong with you?"陈小春站在台阶上反问："What?"Jasper 想起自己手里的喇叭，有条不紊地打开开关，对爸爸说："Can you stop angry now?"用完，还不忘把开关关上。

全程淡定，思路清晰。

再看看陈小春是怎么回应的，他说了一句："I'am so sorry."

好酷。儿子很酷，爸爸也很酷。

二

这段对话的小视频上线 4 天，被观看了 300 多万次。很多网友表示，喜欢他们喜欢到想要去生孩子。而这父子俩之所以这么让人念念不忘，我猜想，最重要的一个原因是这父子俩很真实吧。

陈小春屡次黑脸，有时候是因为担心 Jasper 会吵到别人，所以才严厉制止 Jasper 的调皮行为；有时候则是因为天气酷热且任务很重，又是划腰子桶，又是钓食材卡，又要狂喊告诉儿子是什么食材，难免是会有情绪的。陈小春也不掩饰，直接对着儿子发火，哪怕是在镜头前——因为他不觉得这需要掩饰。

而 Jasper 的冷静表现，更加充分说明了这个问题：在他们家，发火不是什么天大的事情。情绪不是灾难，不是噩梦，不是失控动手，情绪只是情绪而已。具体地说，只是山鸡哥脸上的肌肉抽动了两下而已。

很多育儿理念都说，不要在孩子面前吵架，那会对孩子的性格有重大的影响。搞得我们这些做爸妈的一度束手束脚——但问题是，吵架这事儿还能挑时间吗？还专门挑一个孩子不在家的时间，喊"一二三"，开始吵架吗？

看陈小春和应采儿就知道了，两个人都是火暴脾气。在《极速挑战》那期节目里，因为接收到的地址错误平白浪费了比赛时间，天气燥热，再加上求胜心切，应采儿的脾气一下就上来了，冲着闺密刘芸怒吼："不要再倒了，小心小心，我说了让你小心！"刘芸也回击："我又不是故意的！"但两个人发完火后，很快又和好了。

事后应采儿说："我脾气本来就很暴躁，我是来吵架的吗？地址错了，我当时火就上来了，也不管是不是在拍，就吵起来了。"

除了和闺密吵，应采儿和山鸡哥也吵得不亦乐乎。在一次采访中，应采儿说，陈小春话真的太少了，一棍子打不出几句话，所以她就很喜欢通过吵架去搞他一下。但她知道他的底线，在他的底线之上，她觉得吵架还是挺好玩的。之后，陈小春就接过话筒说："我们的确是三天一小吵，但我们不会因此而分开。"

现场一片被甜到齁的惨叫声。

所以问题不在能不能吵架，而在于吵架的出发点，以及如何收尾。他们相爱，他们吵架，不是为了伤害谁，只是为了告诉对方：我生气了，你要不要哄我。接收到这个信息点后，他们会去哄对方。

也难怪，Jasper能在爸爸快要火山爆发的时候，气定神闲地告诉他："你可不可以不要生气啊。"他还会说："I love you forever."

微博上全是这样的评论：陈小春和应采儿两个暴脾气属性的"朝天椒"，竟然培养出一个超级软萌的彩色小甜椒。

三

让人念念不忘的还有第二点，这对父子的边界都很清晰。

陈小春说出sorry的时候，一时间，弹幕齐发，大家纷纷说：我以为山鸡哥会死撑，说一些"正确"的话，比如"你这么慢，会耽误我们做饭""别的小朋友都已经回自己房间了，就你这么慢吞吞"。

这些回应，都是我们生活中常见的。

比如：

"你干吗这么凶啊？"

"还不是因为你，总是丢三落四，让人不省心！"

我在问的是"你"，对方一个反弹，说的也是"你"，好好的聊天，就这么升级成了指责和争吵。

也许更好的对话是："你干吗这么凶啊？""因为我很着急。"

比如：早上赶着去公司开会，孩子磨磨蹭蹭，我们忍不住对孩子大发雷霆。"妈妈，你干吗这么凶啊？""你拖拖拉拉，我怎么能不生气！"

也许更清晰的回答是："因为妈妈要赶着去开会，迟到了会被骂。你可以帮我一个忙吗，动作快些？"

陈小春在那一瞬间的回复，反映出他的下意识：他看清是自己的问题——是自己的情绪太大了，所以他说"I'am so sorry"。

为什么Jasper在那种低气压下，能拿起扩音喇叭对daddy喊话？因为他不把daddy的发火当作自己的错，他的第一反应是daddy出了什么问题，而不是"我出了什么问题"。要知道，有多少小孩子在父母发火的时候，不，甚至父母只是表露出那么一丝不愉快的时候，就会紧张兮兮地想：我是不是什么地方又做错了？

能这么理所当然地把问题交回给当事人，这孩子真是拎得清啊。

这当然不是天生的。说明在他们家，这是一个天然的原则：谁的情绪，谁来负责。

但是在大多数家庭里，可就没有这么清晰的边界。小朋友玩得好好的，忽然之间父母就发火了，孩子也就立刻觉得自己做错了。在这些家庭里，一个不言自明的规则是：爸爸妈妈不高兴，因为你不乖。但小朋友并不知道自己哪里做错了，只好以沉默来表达抗议，或者用大哭来表达委屈和恐惧。

从大人到孩子，都把边界弄错了。我的情绪是你的错，你要替我的情绪负责。

每一个这样想的爸爸，都该让 Jasper 问一句："What's wrong with you?"

而每一个这样想的孩子，都应该看看陈小春叔叔是怎么跟孩子道歉的，然后他们就会恍然大悟：哦！原来大人不高兴，是可以自己处理的啊……

四

最后值得提的一点是陈小春的姿态。万万没想到，他会认错，会征求孩子的原谅，他的道歉自然而然，不别扭、不夸张。当时我心里想，哇，这个常常板着一张脸的"严父"，他根本没有把自己当成权威啊。不像很多爸爸，哪怕心里觉得自己做错了，嘴上都要死撑一下，"温和而坚定"地说："因为我是你爸。"

　　晚上睡觉时，Jasper 对爸爸说："你今天生了很多气。"陈小春连忙说对不起，然后问 Jasper："你能原谅我吗？"Jasper 立马点头。

　　这个场景让我感觉到了真实和平等，是两个真实的柔软的人在对话。

　　我猜想，这件事在两人心里都翻篇了。甚至，这样的冲突增强了父子俩的感情。

　　后来这一幕也被应采儿回应了，她在微博上说："这个 daddy……是妈妈叫他慢慢走的，怕摔跤。催什么嘛！人家都不知道往哪儿走……腿短不是他的错啊！"

　　看着这段话，忍不住嘴角上翘。看了很多应采儿的采访，印象很深的一点是她真的很擅长表达需求。陈小春说自己以前话很少，也不太笑，但是跟应采儿在一起，"她会要求我每天睡前说晚安，每天报备自己的行程，慢慢也就变成习惯了"。

　　"她很野蛮，对我说话很大声，会很直接地要求我，可我就是被她吃得死死的。"

　　这样的一家人，有需求会表达，有脾气就发，然后在很多时候，他们会互相说："I love you forever, I love you only."

▼

下篇
我是我自己

▷ 给内向妈妈的一封信

亲爱的你：

　　我知道，你是一个内向的人。"内向"这个词从小就伴随着你，你也一定知道，大家对于内向的人总有偏见。小时候，你或许经常听到爸爸妈妈为了你的内向而道歉："对不起啊，这孩子就是太内向了，也不太叫人。"

　　而你身边也一定有一个别人家的孩子，因为妈妈会说："你看看人家亮亮哥哥，跟小朋友们玩得多好。"

　　你上幼儿园的那天，看着一屋子陌生的小朋友，他们的尖叫声让你感觉到惊恐——你从小就不喜欢太吵闹的环境——你只想回到自己熟悉的房间，跟喜欢的漫画做伴。你大声哭喊，这让妈妈很苦恼。怎么人家小朋友就能高高兴兴去幼儿园，你一哭就是一个星期呢？

　　在你整个成长过程中，大人们一直致力于跟你的"内向"抗争。

"你太内向了，要多出去跟不同的人接触。"

"我不想跟你去那个聚会，太无聊了，我想在家里待着。"

"你看你，从小就这么内向。长大可怎么办？"

无限循环。

最后，你还是被拉去聚会了。在一桌人的觥筹交错中，你觉得时间过得好慢。跟你同岁的表姐，特别擅长应对这样的场合，她常常会说出一些话，惹得大家哈哈大笑。

妈妈看看表姐，再看看你，眼神里忽而羡慕，忽而失望。

别说妈妈了，你也很羡慕。毕竟，大家都喜欢机灵的孩子，而不是闷坐在那里发呆的家伙。

妈妈给你使眼色，提示你该去给长辈敬酒了。

对，敬酒也是你记忆中的噩梦。因为你只会结结巴巴地说："祝您身体健康。"

"内向"这个标签就这么一直贴在你身上，好在它并没有阻止你长大，转眼间，你已豆蔻年华。

第一次在学校担任升旗手，第一次在全年级同学面前演讲，你忘记怎么走上台，又怎么走下来，你紧张到肚子痛，然后默默叹气：唉，我这个内向的人。

除了应付考试，你人生的最大难题是，如何在跟人说话时不脸红？

再一转眼，你已成年。选了外地的大学，收拾了几大箱行李。妈妈有点儿意外，她一直觉得，内向的孩子一般不会远行吧。临走前，她叹了口气："出门靠朋友，鼻子底下就是嘴，你要多张嘴问啊，别一个人憋着。"

你一个人去了外地，跟一群天南海北的同学住在一个宿舍。你花了很长很长时间去适应，终于可以与她们一起上课、吃饭，可只有你自己知道，在人群中走着的时候，你心里常常觉得孤单，想要逃跑。

在一次活动上，你认识了一个男孩子，你看着他在全校歌手大赛上跟漂亮活泼的文艺委员合唱了一首歌。那天，你格外想要成为一个外向的女孩。

没想到的是，你收到了他的信，他说常看到你一个人在图书馆发呆。这是第一次，你听到的评价是"有丰富的内在"，而不是听了十几年的"言谈没自信，而且欠缺社交能力"。

你们谈恋爱了。他常在你怔怔想事情的时候，笑称你是"思想家"，而以前你一直被攻击为"活在自己世界里的人"。

你觉得什么东西在松动。你开始去琢磨，那张标签背后是什么。

在大学的图书馆里，你看了一些书。你看到著名心理学家卡尔·荣格说，这个世上没有纯粹的内向者或者外向者。同时，一些心理学家发现，有创造力的那些人，他们最擅长的是变换思维和提出想法，但是他们同时也有着极为显著的偏内向的痕迹。因为内向对于创造力来说，是非常重要的因素。

你还看到，一些研究者提醒大家，不要忘记独处的力量。在人类的历史上，如果你看看世界上主要的宗教，你会发现，那些探寻者在大自然中独处、思索，在那里，他们有了深刻的发现，之后他们把这些思想带回到社会的其他地方。

你慢慢觉察到，在那张标签的背后，有一些你从来没有意识到的东西。小时候的你跟妈妈一样，只是看到了"内向"这两个字，你们都很害怕，却不知道害怕的那些是一个盲区。

你们害怕内向，也许是因为害怕不擅长社交，获取不到更好的资源，不被老师喜欢，在同样的机会面前赢不过更积极的人。

你成绩还不赖，虽然不是每个老师都喜欢，但也有欣赏你的老师让你做班长。因为她看到你写的文章，知道你善于思考。

但你们好像都看不到这些，你们把所有的精力都放在"内向"这两个字上。

想到这些，你松了一口气。

终于，你进入社会。作为一个成年人，正面迎战这个世界。

你花了很多时间思考，业绩提升得很快。从小小的管理者开始做起，一步步往前走。偶尔你会拒绝别人的饭局，因为实在是更想窝在家里。为此，你还是会感到抱歉。晚上你常常睡不好，因为周一要开周会，你要对全体员工（哪怕一开始只有不到 10 人）发言——是的，直到今天，但凡要演讲，要跟一堆人说些什么，你还是会紧张，担心跟别人有冲突；但凡被人质问或者反驳，你往往反应不过来，愣在原地，大概在两天之后洗澡时忽然懊悔不已："我当时应该这样说的！"

反应迅速、气场强大、声音高亢，把谈判对手或者不够格的员工说到哑口无言，一直是大家更熟悉的管理者的形象。但你试过好几次，做不到。你经常脸红，大脑空白，声音低沉，常常为了要不要参加一个聚会发愁，社交压力一直存在。但你还是组建了一个像模像样的团队，在商业社会打过几次胜仗。

你喜欢的一个心理学家——沃顿商学院的亚当·格兰特教授做过一项有趣的实验，结果表明，内向的管理者总能发挥更大的价值。因为当他们管理主动积极的雇员的时候，他们更倾向于让有主见的雇员去自由发挥。

反之，外向的领导就可能——当然是不经意的——很容易激动，他们在事务上有自己的想法，这使其他人的想法可能就不会很容易地在舞台上发光。

这个试验结果让你心里一直有的一些模糊的想法得到了印证，好像看见了月亮的另一面。

你越来越发现，内向还是外向，都不是什么决定性因素，它既不会决定你成功，也不会决定你失败。而人最终的样子，是由性格和人格决定的。性格是天生的，基于生物学上的行为与情绪模式，可以从婴幼时期观察得出。人格是由后天的文化影响与个人经验等因素混合而成的。性格就像地基，而人格则是它上面的建筑物。它们综合在一起，成为你现在的样子。你已经发现了，我们就像一根有弹性的橡皮筋，虽然总有一个界限，但是可以往外伸展、扩延。

你最近又接受了一次演讲安排，虽然是两个月之后的事情，但你已经开始陷入焦虑。全身上下每个细胞都在告诉你，别去了吧。

但你知道，最终你还是会站到聚光灯下，向无数的人说出你想要表达的东西。不是因为你喜欢指挥别人，不是因为你享受众人的目光，相反，这些东西常让你感到无法呼吸。你只是没有其他选择，因为你走在一条你认为必须要走的路上，那是你生存下去的意义所在。

你有了孩子，成了别人的妈妈。你发现，他活脱脱就像你小时候，安静，富有感受力，喜欢思考，喜欢独处。你有时候会有一点慌，几十年培养出来的担心还会一闪而过，但迅速地，你就意识到：这有什么好怕的？他只是像我而已。

有一天，你的妈妈忍不住对外孙说："不要这么内向啊，要大声叫人啊，你……"你扯住她的衣角，指了指自己。她像是想起来什么，你们都笑了。

很多时候，我们早已把标签踩在脚下，只是我们还没有意识到。

改变的过程，从看见开始。而看见的过程，从去掉标签开始。

> 为什么我在最脆弱的时候，却说不出"我需要你"？
>
> 我要你跟我一起"不好"。

有一天和女友聊天，聊到"当妈后有没有哪一刻觉得很崩溃"。

她说，不是哪一刻，是好多时刻。

"控制不了自己情绪的时候啊；费力做了牛肉炒饭，而人家不要吃的时候啊；加班不能回家照顾她的时候；周末终于能陪她，她兴奋得大叫的时候……"

但最崩溃的一次，是生完孩子几个月后的一天晚上，老公因为受不了孩子半夜反复醒来，抱着被子去隔壁房间睡了。虽然孩子醒来也不需要他做什么。

她为数不多的脆弱，都暴露在当妈这件事儿上。"夜深人静我一个人给孩子喂奶的时候，她像一条小飞鱼一样被我抱在怀里，仰着头吃奶，眼睛闭着，全身心依赖着我，无比安静。好像是那段苦不堪言的时光里唯一的安慰。"

那段时间，她形容为"苦不堪言"。

"不拉着你老公帮忙吗？"

"其实也还好啦，毕竟我老公白天要工作，而我那个时候休产假在家嘛。"

很快，满不在乎的表情又回来了。是我们熟悉的她。

因为这次聊天，我"翻箱倒柜"，回想了一下自己刚生完孩子的时光——久得仿佛已经是上个世纪的事儿了，但我永远都不会忘记那时的狼狈不堪，像头困兽在烟雾缭绕的房间里冲撞、挣扎，恨不得把世界摧毁了重建。失眠、敏感，一碰就炸。

那时我老公白天上班，晚上回家，他始终以一种非常温顺的态度面对我的起伏。在我情绪相对好一点儿的时候，他会特别理性地跟我分析问题，一二三四五……

当下的我，被身边的各种情谊所带来的柔和给"安抚"了，具体表现就是：我强烈地想要好起来。可不知为何，还是生生拖了半年才渐渐好起来——瘦了30斤，终于能睡着觉了。见面的朋友都说："啊！好羡慕你，比生孩子前还瘦。"我哈哈笑，胃里一股邪气翻腾，活活咽了下去。

一个女人生完孩子后，身体忽然出现了空洞，激素水平发生了巨大的变化，她在一个生命面前束手无策；她的性魅力降到最低，她顾不上打扮自己，她身体最私密的地方在生产和产后被众人注视；她不知道产假结束后再回到社会上将面临什么；甚至，她连哭泣都背负了责任，"别哭了，你都当妈妈了……哭多了……影响奶水"。

我想不到还有哪个时刻，会比那时，她更应该说一句："我想要你在我身边。"可是话到嘴边，往往变成了"我可以""我来吧""我没事"。

"你白天还要上班，晚上孩子太吵了，你睡隔壁房间吧。我可以的。"

"他哪里会照顾孩子啊，连尿不湿都不会换。还是我来吧。"

"你们那么忙，就别来看我了，我挺好的。"

"他每两个小时就要吃一次奶，我整夜没睡。啊，不用帮忙啊，你也帮不了什么。我可以的。"

我们在自责和慌乱的情绪中，把焦点放在怎样才能让自己变好上：收紧被撑开的肚皮，保证足够的奶水，尽量不再那么容易崩溃；当一个称职的妈妈，至少让这个小家伙不再整夜哭闹。

你还记得《爱在午夜降临前》里赛琳娜说的那句话吗？"你知道有多少次，我一个人在那里流泪，只因为不知道该做什么吗？你了解当一个毫无头绪的母亲所要背负的罪恶感吗？"

是啊，我们快被那罪恶感给吞噬了。彼时彼刻，我们忘记了表达需求的方式可以更加直接，我们觉得自己不配提出要求，我们甚至忘记自己值得被爱——为什么我会在最需要你的时候，说不出，甚至根本不知道我需要你？

——因为人在真正脆弱的时候，往往没法说出"我需要你"。

甚至，连想一想这样的念头都不允许。

当我们信心满满、自我感觉良好的时候，这句话好像没有那么难。但是如果我们自己都不相信自己了，这句话就有了千钧之重。对方完全可以冷冰冰地拒绝："别人都能做到，你凭什么就不行？"我该怎么回答？我只能闭嘴，事实上那句话也是自己心底的声音。

如果对方温柔一点呢，也许会是："好啊，你需要我做什么？"仔细一想，竟然也说不出话来。是啊，他又能帮得上什么呢？

能说得出来的事情，他都能做到。"我对你既温柔又照顾。我做饭、打扫卫生、洗尿布。我请了专业的月嫂。我协调着一家老老少少的关系。我工作挣钱。我承担家里的一切开销。我每天笑呵呵，心平气和，让你感觉不到一丝负能量的侵扰……你究竟还需要我做什么？"

他说得没错。遇到这么好的男人，只能把"我需要你"咽回肚子里。

说不出来的话是："我需要你痛苦，需要你陪着我一起糟糕。"

养过孩子的都知道，在最初的几个月里会经历什么。每一次当我们重复这样的话，似乎都在希冀某种掌控感，好像"我已经知道那有多难了，我一定会做好心理准备"，但亲身经历时，仍然会超出预料地失控。知道那时候没自尊，但没想到会是那样的没自尊。那种情况下，说什么"表达出来就好了嘛"，只是站着说话不腰疼。

对于初为人父的男人，这些失控的痛苦是有可能逃避的，潜意识里大概也会希望逃避。稍不注意，他们就会遁入工作中："我明天还要上班，让我睡个完整觉呗。"（他们甚至不需要把这句话说出来）或者遁入身为男性的社会角色中："他是个男人，笨手笨脚的，坐月子的事他能帮得上什么！"这句话的潜在含义是：因为他做不好，所以他可以免责。可是女性不存在这个出口。身为妈妈的人做不好，又能交给谁？

所以，面对那段时间无穷无尽的恐慌感、无力感、失控感，女性心底的声音不只是"我不行"，而是"只有我不行"——那是一种深刻的、被全世界遗弃、被正常生活隔离、深潜到海面之下的孤独。

"表达出来就好了嘛！"那怎么可能呢？

那些孤独会变成眼泪、变成抑郁、变成暴躁，甚至是摔东西、发脾气。换一个角度看，这些也是一种变相的邀请，试图让对方看到自己有多糟，或者更进一步，请他来体验这样的糟糕："如果你潜到水下，也许可以换我浮上来，透口气。"

但是能读懂这种邀请的丈夫只是少数，大多数只是一次次地夺门而出："不，一切都失控了！还是工作比较简单。"留下妻子一个人，收拾失控的残局，也收拾失控的自己。

有的丈夫在"夺门而出"之前，还会优雅地、语重心长地分析："这没什么，你只是激素失调／情绪失控，你要用心理学管理自己。"

没个什么啊！管理你个头！

在"你那么好，而我那么糟"的时刻，很少有人能把这句话完整地说出："我需要你陪着我一起糟糕。"那需要多大被拒绝的勇气呢？

是的，我们需要的不只有你的好，还要你跟我一起"不好"。"我不行"的同时，"你也不行"。相比于"只有我不行"，这样不仅不会更糟，反而是一种莫大的安慰。

因为，毕竟不是只有"我"一个人。

没时间解释了，快抱我

成熟的爱是，我需要你，因为我爱你。

"也说不出具体怎么了，感觉跟大刘可能要崩。"兔子在微信上说。

我还在加班，跟对方谈一份协议，噼里啪啦敲键盘，恨不得是对方的脑袋。

"你可能是饿了。"我见缝插针，没头没脑地回她一句。看了一眼屏幕上的时间——20:22，该吃晚饭了。

"唉……"她叹了一口长长的气。

兔子是我 18 年的朋友——当我们已经开始拥有十几年的朋友时，没错，我们都已经为人妇和为人母了。

兔子和大刘在一起差不多有 8 年了。最开始的一两年，我每次出差路过青岛，跟他们俩吃顿饭才算回过老家，辣炒蛤蜊、炭烤鱿鱼，还有一提啤酒。大刘比兔子大 4 岁，我们毕业的时候，他已经是公司最年轻的高管了，饭钱、酒钱都是他掏，我们一众小女生毫不介意当电灯泡，眼里只有烤鱿鱼。

他干干净净、斯文和气，活生生就是亦舒笔下的"家明"，最重要的是，他特别有"大局观"。

兔子嘴快脾气直，初入职场常常好心办坏事，落得一肚子委屈，噼里啪啦地吐槽。家明，哦不，大刘总是静静听着，喝口水（对，他很少喝酒）。

"这事儿你知道自己为什么生气吗？我们愤怒是因为自己无能。如果你对自己更有信心一点，掌控力强一点，根本不会有情绪。"

"她根本不当责，没有做该做的工作。你们这样不行，会出问题的。"

"早跟你说过，现在最重要的不是跟人赌气，而是把事情做好。"

……

那时的兔子很吃这一套，每次都会从刚开始的义愤填膺中冷静下来，眼巴巴地望着大刘，最后怯生生地开口："那你说，应该怎么办啊？"

我们都渐渐长大，在职场中一路冲杀。年轻是很好的，恨不得一天之内学会十八般手艺。有时候猛然一抬头，一晃已经过去一年。时间带来很多道理和经验，它们坚硬如铠甲，可以让我们在江湖上站稳脚跟；时间也会淹没很多感受，它们太柔软，不适合"丛林法则"。可是你知道，那些柔软的，是海风的咸味，你想去闻，永远都能闻得到。

上一次通电话，他们的孩子已经2岁了。兔子从一线员工一路升到了高管，通电话的时间对我们来说都越来越宝贵。他们是标准的新中产阶级家庭，条件富足，各自前途光明，只是兔子的声音有时会让人有点儿心疼。

"我现在承受的，比以前多太多了。我以前从来不知道，做管理是那么辛苦的事。上百人的团队，每个人都有点事情，外企的规矩又多。孩子那么小，周末想好好陪她一天都很难得。常常觉得，自己竟然能扛得下那么多事情啊，怎么还没有崩溃啊。"她还是跟以前一样，倒起苦水来噼里啪啦的。

我不知道该怎么安慰她："大刘呢，他怎么说？"

"大刘……"兔子说，她的语气有点儿困惑，"他肯定还是那些话。"

有些念头在我脑袋里动了动，也许兔子需要的从来不是那些道理？

"还记得我以前念叨的那些事儿吗？跟现在比起来，那哪是事儿啊。现在呢，我也没什么事情想问大刘了。有时候，就是想找个人说说话。"

"你跟大刘怎么了？"

"倒也没怎么，就是觉得不对劲，但是也不知道到底该反驳什么，人家明明讲得句句在理。"兔子说，"我只是觉得，怎么说呢，我们有点儿远。"

弗洛姆在《爱的艺术》里写道："成熟的爱是，我需要你，因为我爱你。"

我是在越南岘港的海边翻到这句话的，那里的海风跟青岛的味道完全不一样，一吸鼻子就能区别出来。

想起了很多年前，兔子听大刘讲道理时眼巴巴的表情。

跟兔子的谈话没头没尾地结束了，也不知道该说什么。那天处理完协议，回家太晚了，核桃困得四仰八叉，迷迷糊糊跟我说："妈妈，我们玩一玩吧。"我亲亲他的额头，嘴唇还没离开，他已经掉进了梦里。

早上炒了酱瓜鸡蛋，他吃得摇头晃脑，很满足。我看着他呷巴小嘴，心里就已经饱了。吃完早饭，我赶着换衣服出门，他眼巴巴地跟在后面："你要走了吗？我们玩一玩，你再走吧？"想了想，又说，"我跟你去公司玩一玩吧。"

姥姥刚好来接他，听到这个，忍不住担心："今天变天了，如果你跟去妈妈公司，待会儿姥爷接你回来，路上很冷哎。"

我也有点儿焦虑。一整天的事情已经排满了，肯定没时间顾及他。怎么办？我想跟他商量商量："妈妈今天真的很忙，没时间照顾你。你跟姥爷、姥姥玩吧。爸爸妈妈晚上再回来陪你，大人白天都是要上班的。"

他只是仰着头看我，眼珠明亮，像一只小鹿。

忽然之间，想明白了一些事。我蹲下来抱他："妈妈知道了，你想去妈妈公司，因为昨天妈妈没有好好陪你，你想跟妈妈多待一会儿。"

他撇了撇嘴。真是委屈啊！我心想。

"那我们多玩 1 分钟吧！"听到这一句，他又高兴起来，用力点头。

姥姥还是有一点担心："你上班要迟到了吧。你走吧，他没关系的。"

"核桃是太爱妈妈了，才会这样对不对？"我摸了摸核桃的脑袋，"你在家玩的时候，一定很想很想妈妈，妈妈回来得又那么晚。"

核桃立刻点了点头，高兴起来。

"妈妈爱你。"走的时候，我们拥抱了一下。他软乎乎的。

时间里藏着一个秘密，从我们孩童时候起，就没有变过。那就是感受。

小朋友摔疼了，身边的人忙不迭地念叨："早就告诉你，别跑那么快。"

可是，疼得眼泪汪汪的孩子哪里需要这些道理呢，你只要抱抱他："你肯定好疼，宝贝。"

也许兔子和大刘的问题也出在这里吧？我想。

当对方说起自己的情绪和苦恼时，我们常有的第一反应是分析原因、讲道理。也许我们是要帮助对方，可我们没有意识到的是，我们正借用道理把对方的情绪拒之门外，"我不想处理你的情绪，这和我无关"。所以我的道理还是我的，你的情绪还是你的，我没有走向你，也没有真正帮助到你。

也许兔子最想跟大刘说的那句话是："世界上最遥远的距离，是你的道理和我的感受。"

或许我最想跟大刘说的那句话是："来不及解释了，快抱她。"

我的焦躁不安，成全了你的气定神闲

谢谢生活中那个"焦虑"的存在，我们一起，构成了生活完整的样子。

我大学时候的闺密名叫猫小姐，你看过她刚劲有力的字，就知道她多么通达洒脱。她父亲从政，因为工作纠葛被人中伤，这个姑娘二话不说代父应战，提笔洋洋洒洒 8000 字，句句精准，直切要害。

大事儿不啰唆，小事儿不在乎，说的就是她。

后来这个姑娘嫁给了一个正在创业的大好青年。

有一次猫小姐跟我说："我现在怎么就变成了一个絮絮叨叨的妇女了！他每次回家跟我谈工作、谈愿景、谈宏伟格局，而我拿装修、孩子的屎尿屁这些事跟他聊，自己都觉得不好意思，但生活总免不了这些芝麻绿豆的事儿啊。'你当我是免费智囊吗！我首先是你的老婆啊！'你听听我说的这些话，这就不是以前的我啊！怎么就从独立女青年变成了这么烦人的妇女了呢？"

大好青年很少着急，他总会笑眯眯地安慰妻子："你辛苦了，别着急，慢慢会好起来的。"这么一句温暖体贴360度无死角的话，往往又成为新一轮争吵的导火索。"他越是冷静温和，我越是羞愧，但我做错什么了吗？莫名烦躁。"

"你说，我怎么就老觉得有那么一股无名火呢？"猫小姐说这些的时候，我想起当年她那封8000字的信，现在就算纸笔伺候，估计她也难抒胸臆。先生上进，孩子可爱，哪里又有值得口诛笔伐的点呢？

我曾写过一篇文章，大意是说，世界上最遥远的距离，是你的道理和我的感受。有个读者看完后加了我微信，噼里啪啦留了一堆言。

"我老公就是这样，特别爱跟我分析问题。其实他逻辑极强，很多话都有道理，但我们常常因为他爱讲道理这事儿吵架。后来他看了这篇文章。前几天我们讨论要给儿子选幼儿园的事儿，这事儿我提过几次，他都不着急。我那天提起来的时候，他又说：'哎呀，你干吗这么着急啊！'给我讲了半天幼儿园没有那么重要的道理。我噌一下就火了，觉得他特别不在乎这些事，整天就想着自己的工作。他看我生气了，马上过来抱了抱我。但奇怪的是，我当下虽然觉得被安抚了，之后又觉得怪怪的，感觉他懒得跟我讲道理了，他抱我的时候，有种'好了好了别闹了'的敷衍的感觉。"

我还没来得及回，她又发了一句："唉，我是不是太作了？"

没几秒，又发了几个哭的表情。

我看着手机忍不住笑了，想起春节时我遇到类似的事儿。

一家老小在苏梅岛度假，开头几天新鲜，光是躺椅、摇椅和吊床就能打发大半日。到了第四天，眼看着已经对各类香料和海鲜无感了，度假村附近没什么餐厅，我上网查了半天，还是没找到合适的餐厅。好担心一家老小饿着，特别是小核桃，他一说"我有点儿饿"，姥姥就慌了。

眼看着太阳一点点掉进海里，我身体的各个细胞都开始烦躁，一边整理东西出门，一边念叨："怎么办？都没有合适的餐厅。这家日料呢？小核桃吃不了生鱼。那家本地餐厅呢？他们吃腻了，必须换一换。"

老公在门口沙发上斜靠着："看你又着急了，别慌张。"

注意，"又"着急了。一听这个说法，就知道在我们家，我总是那个手忙脚乱的人。

"妈妈每次出门，都要再回去一次，因为她肯定会落东西。"连小核桃都知道这一点了。每次一家人外出，老公跟小核桃坐在门口等我，大眼瞪小眼："妈妈，你好了吗？"

我忍不住叫嚷："小核桃出门要带的水杯、零食，洗衣机里洗好的衣服，都要拿出来啊。你们都坐在这里等，总得有人准备吧。"

工作上也是这样。之前搭档了5年的伙伴，是一个极其认真负责、天天向上的职场标杆，人称"一摊行走的鸡血"。我常对她说的一句话是："放轻松些，没必要这么认真。"当我们分开工作、各自前行之后，有一天，现在的合伙人劝我："慢慢来，太着急会动作变形。"当时我有一种"唉，我也有今天"的轮回感。

现在才意识到，一个团队中之所以有"不焦虑"的人存在，一定是因为KPI（关键绩效指标）之类的焦虑被另外某些人给顶住了。

李松蔚经常有一个说法："某某承担了什么角色。"

这话听起来很不像人话。

比如，他有时候会说："你今天承担了最靠谱的角色。"直接说"你这个人很靠谱"不好吗？他就用了一大堆理论来解释，意思大概是："你这个人不一定靠谱，至少不是在任何地方、任何时候都靠谱……"

这是什么话！还不如不解释！

"但是我们这个团队需要一个靠谱的角色，然后，此时此地，这个角色落到了你的身上，你是替我们整个团队的人来靠谱的。"

团队反应最快的小伙伴马上跟了一句："李老师，你今天承担了最讨厌的角色哦。"

这个说法真有意思，"承担了什么角色"。

换句话说，这不是我的全部，只是我恰逢其会的一个功能。换一个场合，换一种情况，我也可以换成别的角色。

想明白这一点，我也没那么看不惯老公的好整以暇了。在我们的小团队里，可能也需要一个淡定的、理智的、让人松弛的人。我在替他严阵以待，他在帮我轻松面对。这不是他，只是他的角色而已。

可能这才是事物本来的样子。

潮起潮落，月圆月亏，有人被笑话总是手忙脚乱，有人太过淡定而让人没有依靠感，可是我们常常忘记，我们从来都不是独自活着，只要走进一段关系中，一方淡定的背后，总是有另一方在紧绷。

那天在苏梅岛，面对那句"看你又着急了，别慌张"，我笑嘻嘻地回他："一家老小等着吃饭，我要是不着急，你就该着急了。只不过是因为我替大家慌张了，你才有机会做那个安慰我的人。你应该感谢我，要不是我这么焦躁不安，你哪里有机会这么气定神闲呢？"

老公一脸"就你歪理邪说一堆"的不屑，但我知道，当我们从关系角度看待这些问题，不再把它看成"你的"或是"我的"的时候，那份莫名的委屈自己就消失了。因为我们在乎，所以心甘情愿。

假期结束回到家的那天，老公忽然感叹："终于顺利结束了，不到最后一刻，都不敢说旅途是顺利的，生怕突发什么状况。"我边整理旅行箱边挤对他："放松点儿，至于这么紧张兮兮吗？这可是度假。"

这时我忽然意识到，如果不是他安排全程，算好时间转机，根据远近排日程，我又怎么能这么轻描淡写地像甩手掌柜一样度假呢？

谢谢生活中那个"焦虑"的存在，我们一起，构成了生活完整的样子。

致众人：为什么我们常常没办法说"不"？

我们是在某种程度上保护了自己。

我是在杭州飞北京的飞机上写这些字的。

离登机只有半小时，我才从公司冲出来。

"如果没赶上飞机，我就折回来。"我在群里跟同事们说。咬牙切齿，嘴里嚼着星巴克的三明治。

如果一日三餐可以变成一日一餐，还不会饿就好了。这些日子总觉得很多约定俗成的仪式要花额外的时间，太不科学。

对了，我最近还有一个心愿，希望有一种机器可以被发明出来：人走进去可以洗头洗澡做面膜，外加吹干头发，总共耗时1分钟。

跑得"肝肠寸断"赶到登机口，候机厅一片安宁，飞机晚点1小时，好像是帮我做了决定。

年底了，圣诞、元旦、平安夜、跨年夜，每一个节日的设立仿佛都必须承载着什么巨大的意义，好让错过它的人们悔恨不已。在忙碌中不得不错过这些日子的人们，咬牙切齿地说："有什么可后悔的……"

《一代宗师》里宫二最后一次见叶问："说人生无悔，那都是赌气的话，若真无悔，那人生该多无趣啊。"

然而此时此刻，我根本不想思考我的人生是否有趣，只是单纯地后悔接了一个论坛的主持工作。

是同事已经允诺的事情，因为临时有事，转接到我这里。

但是年底真的太忙了，24 个小时中有 18 个小时在工作，也没办法应付得过来。犹豫着怎么推脱，拖泥带水，最后还是应了下来。

人变得有点儿浮躁。忍不住跟自己说："你这个不懂得拒绝的家伙，插进来这么一个活动，加上来回路上的时间，要额外用掉一整天，你还有多少工作没有处理完啊！屎！"

在答应了这个论坛之后的两天里，我都在问自己，我们为什么常常没有办法说"不"？

第一反应是："因为拒绝会让对方不舒服啊。"

新加入的同事做了一个项目规划，立意不丰富，创意也不够。项目负责人明显不满意，但也没叫停。他在执行的过程中一直提边边角角的修改意见，可是立意已定，再怎么改也不可能化腐朽为神奇。双方都很累，憋着一股劲儿。

复盘的时候，我问负责人，为什么不从一开始就喊停？

"人家刚加入我们，我一上来就否定他的创意，不太好吧？而且打击到他的工作积极性，以后怎么办？"

"你是因为担心他的感受，才不拒绝他的提案？"

"是啊，有什么问题吗？"

有一点问题。

听上去，我是在顾及别人的感受，其实，我真正顾及的是自己。

没错啦，如果我拒绝了这次主持，对方会很不舒服。

但从对方的角度考虑，这点不舒服是不可克服的吗？会因此没办法继续推进工作了吗？这场论坛会崩溃吗？会导致全天的活动失败吗？

不会。估计对方只会郁闷 1 分钟，心里骂一句"shit"，马上启动 plan B，找下一个嘉宾主持。退一万步说，真的没有其他办法，对方也会态度恳切地坚持，做各种争取的努力，让我理解我的出席对他们有多重要。

这是他们的问题，他们总有办法应对。

我真正担心的，并不是他们应对不了。我真正担心的是：他们会在心里记得，"我"是个不近人情的家伙。

"你担心他会难堪，没有积极性，所以不拒绝他的方案。"我接着问同事，"假如你已经预料到项目百分之百会失败，公司会因此浪费一些成本，你会怎么做？还是不拒绝吗？"我故意说得有些严重。

他开始犹豫了。

"那不一样吧。"他说，"我毕竟没有百分之百的把握。"

"假如呢，假如你有了百分之百的把握，你会怎么做？"

"我会拒绝。"他低声说。

不能拒绝的原因，有时候是对自己的信心不够。

当我们对自己没有足够多信心的时候，拒绝就不仅仅是"拒绝"这件事本身，它里面掺杂了"我"的个人因素。这件事变得跟"我"有关了，我就会想："这个拒绝，是我做错了吧？"

如果小核桃看见天上的月亮，他想要我帮他摘下来，我可以很温和地说："对不起宝贝，这是不可能的。"我知道这就是不可能的。

我不会内疚，不会自责，也不会有多难过。如果他哭了，我会很耐心地陪伴他、拥抱他，一起对付失望的感受。

因为那个时刻我确定，这不是我的错。

可是，如果他爱上了一套乐高积木，眼巴巴地看着。我想起家里足够多的积木，真的没有必要再买一套了。但是当我说"对不起宝贝，我们真的不能买哦"时，多少还是会有一点压力。

小核桃会哭吧，至少会眼神黯淡一下。我可能会忙不迭地拉他："走了啦！"有一点点儿烦躁，很难平心静气地安抚他。我没法像前一种情况那么淡定。

甚至我可能不会拒绝。因为，不给他买积木这个事，我觉得是跟"我"有关的。

"他这么失望，难道不是我的错吗？"

在我设想拒绝主持的那一刻，这就是我的阻力所在。

"万一我以后需要帮忙呢？万一是我没判断准确呢？万一我的名声受到影响了呢？万一对方不喜欢我了呢……"

"这件事情我可以不做，但是这段关系我不能不要啊。"

一旦那个"我"在脑袋里横冲直撞，就有太多的不确定和恐惧，权衡再三，我们才做出"不拒绝"的决定。

我们好几次催李松蔚老师来给 Momself 的用户开微课，他都以太忙为理由拒绝了。

"你不怕我们失望吗？"我们企图制造内疚，以达到目的。

他说："我不生产失望，我只是失望的搬运工。"然后说，"我很理解你们的失望……"

我们"让他去死"。但我知道这就是他的信心吧。他根本不觉得是"他"拒绝了我们，他只是传达给我们"没时间"这一事实。

下班回家，看到小核桃在爬爬毯上听爸爸讲故事，我凑过去企图其乐融融一下，他抬了一下眼皮："爸爸讲故事，妈妈走。"

睡觉前抱着他冲牛奶，看他肉团一样的脸蛋，小小嘴巴滴着口水，忍不住说："我亲你一口哦。"

他目不转睛地瞄准奶粉，看都不看我。"不行。"绝不拖泥带水。

留下一个一脸谄媚、僵在原地的妈妈。

他常常这样，拒绝得干脆利落，跟他咬碎一块曲奇饼干的样子一模一样，一口下去，嘎嘣脆。

他从不担心因为拒绝了我，就会失去什么。没有恐惧，单纯又直接。

如果你问他："你为什么拒绝我啊？"他一定会瞪大了眼睛："因为

我现在只想安安静静听故事啊。""因为我现在很想喝牛奶啊。"

他不觉得这是他的错。他不觉得我的失望跟"他"有关。

我也不会把失望表达给他。我不希望他觉得"我会不会有可能做错了"。

我冲他翻了个白眼，自嘲一句，虽然有一点小小的失落，但心里也有点为他开心："能这样直接表达自己的需求，好酷啊。"

如果是我，在那些想独处的时刻里，我可以那么干脆利落地拒绝想要靠近的人吗？

很难呢。我也许会习惯性地想，"如果再努力一点，就可以不让她那么失望了"。

这么一想，我也觉得自己不能拒绝的背后，其实也有一点勇气呢。

飞机要降落了。空姐走过来请我收起电脑。

我一边叫着"马上马上，就剩几个字了"，一边高兴起来。因为我想，即使看上去，我们是为了别人在委屈自己，是因为不自信而做一些决定，但至少，我们是在某种程度上保护了自己。不管你承认与否。

在许许多多孤独的时刻，这是我们可以为自己做的最多的一件事了。

▷ 难过就是，这么难，还想一起过
当"我们"的概念出来，原来的纠结就解开了。

"好了好了，你说得都对！"

最近每次被催婚，菜泡饭小姐都用这个方法给对付过去。我们约着碰面的时候，她刚刚挂掉妈妈的电话。

"又快要回家过年了，又要面对姑婆姨嫂的各种压力，我自己倒无所谓，就是觉得对不住我爸妈。"

"啊呀，烦死了！"她仰头大叫。

闺密菜泡饭小姐，一直是这个城市里最温暖的存在。

每次旅行会记挂着给每个人寄明信片，常常写一些自带滤镜的话，比如"如果不能一起旅行，也要一起经历什么"。她的字小小的，漂洋过海来看我们。

她爱咖啡，在以前的公司开了一个"不随便咖啡铺"，其实也就是每天中午给提出需求的 5 个同事手工冲泡咖啡，喝一口下去，舒服成一只猫。

对了，她还养了一只名叫苏八斤的猫，带着它搬了 3 次家，铲屎官的活儿一做就是 5 年。

一起旅行，但凡有人嘀咕一句没带纸巾，她定会大叫一声"我"，机器猫的口袋一样，要什么有什么，还是那种抽取式的，一大包拎出来。

在她这里，朋友的事都不是小事。我们常常感叹，我们这些人啊，善良有时候是装的，是觉得"不那么做好像不合适"。真要说起来，菜泡饭是真善良。

死穴只有一个——大龄未婚女青年。很显然，另一面就是"被催婚"。

她很少掉眼泪，一个人在异地他乡 10 年，孤独得要死的夜晚，也不过是看个美剧，或者换个灯泡、装个橱柜，自嘲一下"家用万能小助手"，日子就又过了下去。

她为数不多的"毫无办法"，只是在挂了妈妈电话的时候。

1. 别人家的孩子，跟你一样大的，小孩都 10 岁了。

2. 所有人都说，你就是太挑剔了，挑来挑去挑不好，哪有完美的人。

3. 现在浪得很开心，老来病痛没有人照顾就会后悔。

这是她总结的妈妈的催婚逻辑。这三条真的是有理有据、逻辑清晰，连我都快被说服了。我说："嗯……"

菜泡饭看我一脸快要妥协的模样，不服地辩驳："一辈子那么长，当然要挑一挑啊，随便结个婚要离，成本很高的！"又说，"我反抗我妈的时候会说，生活是自己的，别人怎么知道我挑不挑啊，不要别人说什么就听什么。"

"你懂不懂啊！你懂不懂啊！"

我……懂啊，但我懂有什么用啊。

哪怕全世界的人都懂，菜泡饭在乎的那一个人还是不懂。"我跟我妈说了很多次，就差告诉她，婚姻根本不是什么唯一的道路。她觉得我瞎说，全是歪理。"

母女俩在这个纠结的循环里你来我往。妈妈试图说服女儿，别再挑挑拣拣了，越挑越剩；女儿试图让妈妈的想法改变："这怎么能凑合呢？"然而双方都没能成功，都是一肚子怨气："你怎么就不能像我一样想问题呢？"

我问菜泡饭："很烦躁吧？"

"和亲近的人意见不合的时候，都会觉得有点儿烦躁吧。"

"觉得因为我的关系，他们承受了一些来自周围人的压力。但其实跟他们也说不清楚吧。"隔着屏幕，也能看见她耷拉下来的脑袋。

那个深夜，我忽然想，菜泡饭小姐"说不清楚"的，大概就是我们的痛苦和孤独所在。想跟对方说一句"你怎么就不能理解我呢"，话还没说出口，眼泪就掉下来。太委屈了。

"我是一个苹果啊，你为什么只想要桃子呢？苹果也很好啊。"我们翻来覆去地想证明这个。

"我跟你想要的，不太一样。"我们在逃避这个。

一直以来，我们心里最难过的，从来都不是晚睡早起，超负荷劳作，因为那些皮肉上的痕迹，睡一个好觉、雾霾散去晒一天太阳，都能消失。

我们心里最过不去的，是"对方"。

这个城市里，有成千上万个菜泡饭小姐，正在跟"对方"纠结。

她们可能是正在创业的菜泡饭小姐，"你怎么就不能安安心心做一份踏实的工作！那个公司平台那么好，你干吗非要折腾！"

她们可能是已经当了妈妈的菜泡饭小姐，"小区里有几个年轻妈妈，都说孩子要早睡，你晚上一忙就到十一二点，让小孩儿也跟着晚睡，这样真不好。"

她们可能是正在跟伴侣对抗的菜泡饭小姐，"我手忙脚乱，狼狈成这样，你怎么就能气定神闲地说'有什么好着急的'呢？"

没有人能真的理解另外一个人。这个道理我们都懂，可是它冰冰凉，好难面对。

"我知道你在担心我，可是我有自己的梦想，当然要为之努力。"

"我理解你担心小朋友睡得晚不好，但我也的确已经尽力了，而且其实晚睡没那么严重啦，干吗天天絮叨啊。"

"我知道你很着急，可是我真的觉得这事儿可以再缓一缓，你越着急越处理不好。"

我们讲道理、施压、抱怨、委屈，忍不住说服对方。

"我有我的想法，你有你的想法"，同时接受两者的存在，把它们摆到同样的高度，而不是用一个压倒另一个。这是最朴素的道理。

然而，这也是最终极的道理。说起来简单，但它太高级了，几乎是所有关系追求的最高境界——尤其是双方的想法相互冲突的时候。"你怎么就不能替我想一想呢？""那你有没有站在我的角度上考虑过？"

你站在我对面，可是我伸手碰不到你，我们像是两个孤岛。

我们本可以不去在乎这些的，不是吗？你说你的，我过我的，心平气和，还能跑到你的朋友圈去点赞。

可偏偏不行。我在乎你，所以我不敢面对"我让你失望"；我在乎你，所以我不甘心我跟你想要的那么不同。

我们，怎样才能从这样的纠结里解脱出来？

这大概是每一段关系在做的功课。

承认我们彼此的想法是矛盾的。我们想要的东西不同，但没有哪个应该被纠正。它们同时存在，虽然彼此对立，但都是真实的。慢慢地，就会放下"他怎么就不能这样想"的执念，而开始接受"我们"作为一个矛盾体的存在。

你想要桃子，而我是苹果。我想要你放下桃子，而你放不下桃子。我们彼此不同，又要彼此相爱。这对我们来说，是多大的挑战啊。

我们彼此都不完全让对方满意，而我们还要继续相爱。

听上去真忧伤，可是，我们会因此感受到彼此的连接和力量。

也许菜泡饭可以对妈妈说："我们，真麻烦啊。""你想让我结婚，我做不到。我想让你接受这一点，你也做不到。"

也许她妈妈还会说："你为什么做不到！为什么做不到！你怎么就不能努力一下，啊！你这是态度不端正！是在找借口！我告诉你，你就是太挑剔……"

她的失望，她汹涌澎湃的失望，需要有一个口子，流淌出来，然后被人看见。也许我们可以给她一个拥抱："是啊，我们就是这么不一样……"

终于，那个拥抱会让妈妈变得柔软一点："我们，真麻烦啊。"

当"我们"这个概念出来的时候，原来的纠结就解开了。每个人都还是一座孤岛，但我们看见了纠缠于地下的纷乱。

我们，要不要试试看？

▷ "再等等"到底是在等什么？
好啊，我陪你等。

一

"我老公最爱的人是他的合伙人。"

夏忐忐慢条斯理地喝了口柠檬水，全然不顾几个新来的朋友一脸蒙。

"他合伙人是个男的哦。"她侧身招呼服务员过来添水，回过头来接着扔了一句。

果果妈妈刚夹起来的榴梿酥啪嗒掉在了桌上。

我在桌子底下踢了她一脚。夏忐忐笑嘻嘻地看我一眼："不过，最近局势偏向我这边了。"

那天阳光正好，约了几个朋友喝下午茶。

夏忐忐也来了。好久没见，仍然是个美人。美人不怕光，阳光打下来，皮肤透亮，没有厚重的粉底和干纹。

我先认识的是她老公，印象中春、秋两季总穿着高领薄款毛衣，能把高领毛衣穿得好看的男生，得有多修长的脖子和完美的脸型。

他创业3年，公司估值3亿。

他先前是做培训的，用夏忐忐的话说："有一次我们去看电影，我欢天喜地的，遇上同事，一脸羡慕'你们感情好好'的样子。我真不忍心跟人家说，我们在一起5年了，这是他休的第2个周末，我们一起看的第3场电影。"

"5年啊，260个周末的第2个周末！"

为了自由身，他辞职了，开始创业。

"自由哎！"

夏忐忐特别支持，成了新公司第一号地推员，在所有饭局上，都能听到她说："哎，刚好刚好，我老公他们公司就是做这个业务的，我给你联系，有VIP贵宾待遇。"

二

一晃2年。圣诞节，下午4点多，她叫我出去："中午没吃饭，饿了，出来吃个晚饭吧。"

但凡节日，我避之不及，有朋友喊我吃顿寡淡的晚饭，求之不得。

"今天是我老公他们公司年会。"她忽然说。

我记起来了，每年圣诞节，他们都有一场盛大的年会，除了公司员工，还有业界很多同行参加。

去年我也去了，开场舞是 BIGBANG 的什么歌，一水儿年轻人，牛仔短裤白 T 恤，活力四射，一看就是那种"只争朝夕，不负分秒"的企业文化。

她老公上台致辞，全套西装，灯光打到他的脸上，眼睛里全是未来。

我在全场沸腾中四处张望，看到了夏志志。她坐在 VIP 区，脸色安静，水一般。她只是看着台上，又像是什么都没在看。

我忽然想起，偶尔几次饭局，她再也没有推荐过什么 VIP 至尊会员了。

"你今年没去参加年会啊。"我有点儿明知故问。

"你知道吗？如果我出车祸了，第一个打电话的绝对不会是我老公。因为啊，他永远都在开会，最快也要半小时回吧。"

"以为创业就真的有自己的时间了，这两年下来才知道，骗人啊，比以前忙 10 倍！"

"你难过吗？"我们避开了餐厅里所有的圣诞套餐，点了一份沙拉。

"前段时间很气。他人回到家，灵魂根本没回来。跟他说一件事儿，平均 8 分钟后才有反应：'啊，你刚才说什么？'心思完全不在家里。"

"有一天半夜我忽然醒来，他没在身边。我吓了一跳，冲到客厅，发现他鬼鬼祟祟地躲在厨房打电话。你知道我当时想的是什么吗？"

"你以为他有外遇了啊？"

"我当时特别希望他真有外遇了，至少我可以名正言顺地大哭一场啊。"

"我站在客厅听了一会儿，发现他在跟合伙人打电话。两个人在吵架，为了公司战略。我站了半天，他也没发现我。"

我吃完了自己那一份，她的沙拉只少了几片菜叶子。

"再等等，我现在根本没办法停下来。公司好几百号人呢。"

"你也知道我是为了这个家，多积累一点。你再多等我一下。"

"再等两年，两年以后等融完 C 轮，我就退下来了。"

"他真的很辛苦啊。"我了解她老公，知道他有多踏实能干。

"这些我都知道，但你知道吗？很奇怪的是，我知道创业有多难，我也知道他努力工作总比游手好闲好吧，但我就是很气。每次我抱怨他不陪我，他都会说那些再等等、再等等，我觉得那只是对我的敷衍。"

"嗯，再等一等吧。"我不知道说什么。

"对啊，就是这个等一等。"夏忐忐蹙起了眉，"我最恨的就是这句。他为什么就不能承认呢？其实只是他自己不敢。"

"他不敢？"我第一次听说。

"不是真的有谁需要他继续往前走，至少我不需要。是他自己不敢停下来。"夏忐忐留下了这句话。

这是我第一次注意到，"再等等"的背后是这么微妙。

留心一下，生活里到处充满了再等等。

"我快忙死了，工作得也不开心，等到合适的机会，我一定跳槽！嗯，再等等！等我再积累一两年。"职场里常常听到这种声音。

"我们俩现在工作都不稳定，没有足够经济基础结婚。等我们攒到第一个 10 万，就马上结婚。再等等。"说这话的那对情侣后来分手了，那时候女孩子的卡里早有了 20 多万。

再等等真好用啊！再等等真气人啊！

"现在你们怎么样了？"我问夏忐忐。

好久不见，又发生了好多事情。"他离开创业公司了，做一些兼职。我也没有多开心，我也开始忙自己的事了。他空下来，反而开始觉得他好烦。"她说着，忍不住笑起来。是轻巧的样子，听得出来。

"所以他当时让你再等等啊，你等到了。"我为她感到高兴。

"不是我等到了，是他做到了。"夏忐忐说。

"他离开那里有很多原因，我觉得最重要的，是他已经不需要用创业来证明什么了。这句话他自始至终没有承认。他总说是为了我们，等财务上有足够保障，他就可以离开了。但我看得见，我看见他对盛年之时无所为的恐惧，他对于丈夫角色的疏离，他忙来忙去，只是他那些年生活下去的方式。现在，也是他自己决定改变了而已。"

夏忐忐说这话，一字一句，很有力量。

窗外就是西湖。我刚来杭州时，他们告诉我，晴湖不如雨湖。10 年了，我仍然觉得，他们不对，有阳光总是美的，全世界都是。

再等等，用这种方式拖下去，总是因为有一些说不出来的东西吧？

三

"到底什么时候才自己吃饭啊？！"回到家，看着小核桃少爷一样地跷着腿坐在椅子上，姥姥把饭吹凉、把虾剥好，递到嘴里。为了让他乖乖张嘴吃，还塞了玩具在他手里。

我忍不住想制止。

他其实早就会自己吃饭了。早饭跟我们一起吃，在最短时间里准备出早饭，把他往椅子上一塞，餐巾一围，说："开动喽！"他哆嗦着小手舀稀饭，洒一半喝一半，三明治咬一口，夹在里面的鸡蛋黄掉一地。我跟老公埋头苦吃，顾不上管他——早上的时间跟打仗似的，喂饭？坚持做早餐都想去申请个五好家庭奖状了。

唯独到了姥姥家，各项功能丧失。

我看不惯，总觉得这样子进一步退两步，不是拉锯战嘛。

姥姥一脸宠爱："他还小呢，自己吃，饭都凉了。"

姥爷脾气好："等到 3 岁，等到 3 岁。3 岁一到，绝对不喂了。"

为了这事儿，不知争论过多少次。

3 岁这个时间点很重要吗？

为什么差一天都不行？难道 3 岁之前一天，小核桃就没有吃饭的能力，一满 3 岁，哗，这个能力就冒出来了？

等待这个时间，我觉得很无厘头。

现在我想起了夏志志，想起了窗边的西湖。

也想带爸妈去西湖转转。他们日复一日忙乎小核桃，一天天就在冲泡牛奶、准备饭菜、拉屁屁之后洗屁屁之间过去了。

我忽然意识到，他们"再等等"的背后，有多少是他们自己的恐惧——当孩子学会吃饭、学会奔跑，当他努力向前，时间在他身上像植物一般破土而出，而在大人身上，是对衰老的恐惧和分离的未知。

他们可以做的事情又会少一件。他们不舍得孩子长大，就像恐惧自己老去。

这背后不能直接表达的一切，让人好心疼。

"小核桃快上幼儿园了。"我跟爸妈说。

"是啊，3 岁了，就不用我们整天照顾了。"姥爷笑眯眯地说。

其实他们都知道。他们不舍得，只是不知道该如何表达，仿佛是用 3 岁这个时间点帮自己下一个决心，里程碑一般。

那么，还有什么事情需要你"再等等"呢。在它们背后，那些你没办法承认的"好处"又是什么呢？

但那不重要了。因为我们身边总有一些人，他们跟我们争吵，责备我们，然后看见了我们那些"没办法承认"的需求。

他们用自己的方式在表达："好啊，我陪你等。"

▷ **你委屈什么啊！**
我们做的每一个选择，在当时当地，都是千万种选择里对自己最有利的。

一

S小姐最近跟朋友合伙开了一个甜品店，她有一个发小一直做品牌营销，也喜欢吃，常常给S出点子，聊了几次，索性加入一起干。

合伙跟结婚没什么差别，围城内外，一脚踏进来，跟只在门口蹭蹭是有质的差别的。S小姐很快就开始对发小不满，隔三岔五给我打电话。

"你说她当时点评我那个店的时候，很厉害啊，怎么落到自己头上，就不是那么回事了呢？"

"跟她谈一下。"我回她。

"她是加入进来之后觉得不满意，所以才不好好干吗？"

"跟她谈一下。"我回她。

"她办个活动，丢三落四，还老嫌我们不好，拖了她的后腿。我一肚子的委屈，也不知道怎么说。"

"大姐，麻烦你跟她谈一下！"实在忍无可忍，"我又不是她，你老跟我在这儿说车轱辘话，有用吗？"

"我跟她谈过了啊，"S小姐真的很哀怨，"但她就是那种很有个性的人，很多话我也是点到为止，但是对她根本没有用，她还是按自己的想法来。我也不敢说太重，说重了，她不想干了怎么办……"

"不想干，那就拆伙咯。想清楚你要什么。"我不屑一顾。

"你这人！"S小姐挂了电话。

从小一起长大，完全想象得出她那张委屈的脸。

二

你委屈又怎么样，谁不委屈。我想。

不知道为什么，平时我很能理解她的情绪，多少年无话不说的好闺密，但是一听到她这种哀怨的语气，就气不打一处来。

成年人的生活，没有"容易"二字。谁没有深夜失眠怀疑人生的时刻？不说自己辛苦，都不好意思生活在这个高规格的世界。同样是辛苦，但总有些说法会让我觉得怪怪的：

"我老公整天忙工作，我一个人顾孩子，简直是丧偶式养育。为了这个家，那么好的工作我都放弃了，难道我就该这样啊……唉，算了算了。"

"我跟你说，从来没见过她那么极品的人，我还要一直哄着她、伺候她。"

"有什么办法，还有房贷要还，再不喜欢的事也要做啊。"

"你以为我愿意每天蓬头垢面、人老珠黄！还不都是为了你（孩子）。"

这几种说法背后，都有一种强烈的情绪："我不舒服，我没办法，我好委屈。"

真是气不打一处来，你委屈个鬼啊！你不舒服，你就去争取啊。

"可是我又不舍得……"

你不舍得，那就不要抱怨。

明明是自己不想错过孩子的成长，害怕留有遗憾，才辞职回家，又说"我也不想放弃工作，可是没办法"。什么没办法，难道不是得了便宜又卖乖吗？

一直以来，我都有一个观点：我们做的每一个选择，在当时当地，都是千万种选择里对自己最有利的。

谁也别拿委屈说事儿。

三

说到委屈，画风一般都是梨花带雨、举止温柔、眼神湿润，这样的姑娘更容易让人心疼。可是我不，偏偏心疼那些头脑清楚、眼神倔强的。

S小姐就是这么一个人。

她跟M先生过得并不快乐，哪怕孩子已经4岁半，肉团一样可爱；哪怕他们有房有车，事业蓬勃发展。

围观群众不同意，你和他那么般配，他对你那么好，朋友圈里常看到你晒一家三口度假的照片，各种新中产阶级精英主义的美满，你怎么可以不快乐！

谁也没跟谁生活过，谁也没有权利指点江山。

但是他们一直也没打算分开。不好，也不至于坏到要分开。没有共同语言？没关系，打开微信，有整个世界的更新都来不及看呢。没有爱的火花？没关系，还有一个瓷娃娃般的女儿承载着两个人的爱。

生活总是有办法糊弄下去的，只要别太认真。

"只是有点亏欠我女儿。我们这种情况，两个人心里都多少有些别扭，平时相处也冷淡得很。我多想让女儿看到爸爸妈妈清早起床互相亲吻，出差回来拥抱，你来我往之间有爱情流动。那才应该是一个小女孩该向往的爱情，不是吗？我做不了她的榜样，甚至会担心对她未来的感情观有影响。这是我最大的遗憾。"

这么说的时候，S小姐嘴角含笑，但眉目冷然。

"但你没离婚。"

"嗯，大人有大人考虑问题的方式。我不离婚，不是说我就是为了孩子，承担了多大的委屈。只不过是因为我尿。"

"不是你贱，是你知道你想要什么。婚姻也好，偶尔的和睦也好，朋友圈的互动也好，在当下的这个状态里，你需要这些，你只是选择对你更有用的那种生活。"

她笑笑，默认。

千万别说什么委曲求全，我从不信那个。

四

唉，这家伙明明头脑清楚，怎么一到合伙人这事上就看不开？

拎起手机拨了她的电话。

还没来得及张嘴，她那边画风突变了："我想通了，委屈什么啊！"

"怎么想通的？"

"多亏你骂醒我！"

"我……没骂你吧……"

她那边自顾自地说下去："前段时间我就觉得不对劲，对这个人吧，我好像一直沉浸在'怕她不高兴，我只能受委屈'的心情中，后来你一说拆伙，我忽然有点似曾相识的感觉，然后意识到，这根本就是一出我自导自演的苦情戏啊。为什么不能拆伙，拆伙了又怎么样！"

"那不行，"我替她着急，"也不能说拆伙就拆伙吧。"

"对啊！我就是意识到了这一点！"她哈哈一笑，"明明是我想跟她合伙的。我这么做，一定有我想要的东西。这么一想，瞬间'琼瑶'变

'亦舒'！"

"对啊，本来就是你想要她。人家从大公司里跳出来跟你一起干，高薪体面的工作都放弃了，人家都没说什么，你还委屈。"我打趣她。

"那也不是，"S小姐轻快地说，"她也不傻，放弃那么好的工作跟我创业，一定也有她想要的东西。大家都是成年人，谁也别埋怨谁，更别觉得全世界都欠自己的。这么一想，世界和平，云淡风轻，架也敢吵了，事情照做。你是不知道，前段时间，我跟她说话，那叫一个小心翼翼，憋死了！现在好了，你我平等，各取所需。"

看！就是这样，我熟悉的那个S小姐又回来了。

她说"似曾相识"的时候，也许想到了自己的婚姻。我一直赞赏的冷静和通达背后，不知道又拆解过多少心结。一定是跟失望对峙过，痛下过决心的冷静，又或者是成熟。

从"我没办法啊，不得已这样"到"我自己选择这样"，承认是为了自己，这样大家都轻松些。

我不喜欢，这一切不是我想要的
真正成熟的关系，从"说出来"开始。

曾经很火的日剧《四重奏》里，卷的丈夫干生跟同事在餐馆吃晚餐，说起对妻子的感情，"虽然爱她，但不喜欢她"。

卷不小心听到这句话，忍不住冲了出去。

她同时听到了另一个真相：丈夫很讨厌吃炸鸡时挤柠檬汁。可明明自己做的炸鸡，挤了柠檬汁，丈夫吃得欢天喜地的啊。

后来她的丈夫离家出走了。

是早有预料吧。只是结局还未发生，我们常常不去看真相，以为不看，就不存在。

干生对卷说："新开了咖啡馆，我们一起散步过去吧。"

"啊，今天有点儿冷，家里有速溶咖啡，我给你泡一杯吧。"

干生那一刻好失望，失望到慌乱，"那我去书店看看。"

留在家里的卷，一边开心地折衣服，一边看电视，"待在一起，可以展现自我，没有谎言，可以做真实的自我。我觉得我获得了家人。"

跑出家门的丈夫，走了很远买了咖啡，坐在两人曾经一起看风筝的操场，"原来她也是个普通人。"

"以前谈恋爱的时候，我觉得她很特别。一开始有点儿神秘感的那个女人，现在已经无处可寻。"

曾以为"有气质、会音乐"的那个女人，把自己送的诗集随手扔在一旁，甚至当作锅垫。自己"人生中最喜欢的"影片，对方看着看着睡着了。

他终于鼓足勇气问自己的妻子："为什么不拉小提琴了？"

"我决定放弃小提琴了。"

"做你喜欢做的事情啊。"

"我现在就在做我喜欢做的事情啊。"卷一边回答，一边把手伸进肉馅里搅拌。黏糊糊的肉馅在指缝里蹭来蹭去。

干生最终没有继续问下去。他转过身，听到妻子说："我现在很幸福。"

干生心里的那句话写满了整张脸："然而，我不幸福啊。"

可是他没有说。

他没有说，"住手！我最讨厌吃有柠檬汁的炸鸡！"

他没有说，"我想要的是有人可以一起散步聊天，去很远的地方买咖啡的日子。"

他没有说，"我送你的诗集，你怎么可以当成锅垫？"

他没有说，"我想要永远的恋人，而不是每天跟我聊电视里无聊新闻的主妇。"

最后，他说的是"我还爱她，但是不喜欢她了"。

电影 *One Day* 里面，安妮·海瑟薇扮演的女主也是哭着对喜欢了很多年的男主说："我爱你，可是我已经不喜欢你了。"

这句话，听上去充满深情和不得已。

可在我看来，这是很大的不善。它是一种残忍的告知，一点儿机会也没留给对方。

两个人的事儿是属于双方的，但表面上，是你一个人在默默承受，"我不说我忍耐、我坚强、我心大"，其实呢，你已经假定了"这件事说了也没用，对方也没办法，对我们的关系不好，不如我一个人消化"。

醒醒吧，这明明是你的自恋。

你一个人，凭什么替两个人决定了现在这样是最好的呢？不但自私，也有一点武断吧。

《四重奏》里的干生，他从来都不说出自己的不满意，硬生生吃下挤了柠檬汁的炸鸡，满心失望，却欢喜地对妻子说："这是世界上最好吃的东西。"

那一脸满足，是妻子卷全世界的幸福。可惜，都不是真实的。

他为什么不说？因为他不敢面对自己啊。自己最初怀抱着找一个"懂乐器、有气质的完美恋人"，一旦发现没找对，马上陷入了慌乱。"我找了一个不适合我的爱人。""我看走眼了。""我要尽力忍耐。""不行了，没办法了，我受不了了。"

你看，到这时候，还在说"我"，丝毫意识不到对方也有知情权，自大又懦弱。

他的妻子卷，也一样。明明感觉到跟丈夫之间的尴尬，拼命找各种电视中的趣闻东拉西扯，活跃气氛，"帮助"丈夫确认"她真是无趣的女人啊，说来说去都是电视里的东西"。

两个人都在按照自己的幻想去推进这段关系，向着相反方向前进，从没问过一句："这不是我想要的，你呢？是不是也有点儿失望？"

最可怕的，就是什么都不说。

我们每个人都昂首挺胸地独立着，不符合彼此的想象。一同外出时，丈夫总是匆匆忙忙走在前面，妻子常跟不上，被落了很远。妻子看着那个背影，心想"跟这样的男人在一起，好没温度，有什么意思"。她不说，憋在心里，当下没有争吵，"这么点小事儿，不至于小题大做"，"我大度点儿，忍忍就过去吧"。事实是，再遇到事情，她不断给丈夫贴上"没情趣，太冷淡"的标签。终有一天，会有更大的爆发。

以前遇到过一个同事，性格温和，入职时大家都很喜欢她。但渐渐地，总觉得哪里不对劲。一次执行一个大项目，给她分配任务时，她闷闷地说了一句"哦"，急性子的同事忍不住追问："行还是不行？"她说："行吧。"

搭档当时觉得有点儿不对劲，但也没多想，觉得都是职场人，既然应允了下来，应该会各自前行，为结果负责。而且每天坐在同一个办公室里，遇到状况肯定会说的。

当时人少事多，大家也就各忙各的了。

一周之后，大家阶段性碰头，这才发现她工作倒是都做了，但完全不符合要求。

"我又不是没做，前几天还熬了通宵。"她很委屈。

比她更崩溃的是那个搭档。"到这个时候了，我们哪里来得及翻身掉头！"

她一脸迷茫："那怎么办？我又没经验，我也不知道怎么办啊。"

搭档忽然就意识到"怪怪的"感觉是什么。她从来不跟大家反馈，你觉得有问题去问她，她总说"还好啊"。再多说几句，她的回答是"那就改呗，我也不太清楚"。

她的态度总是很好，可是我们都知道，有些东西不对。

"我们既然已经是同事，每天早上从一个城市的四面八方赶到同一个地点，选择走在同一条路上，如果她能多相信我们一点，她就可以把她的顾虑和困扰说出来，那些东西本来就是我们整个团队一起扛的，她要相信我们可以接得住。"

说出"我不喜欢，我不行了，这一切不是我想要的"，本身就是一种解决方法。

我有一个女友，名叫灵感小姐，她跟老公从大学开始相恋，像所有夫妻一样，常有争执，有时候对着我吐槽："他从来不看育儿书，跟我一点儿不同步。""我好烦他出差一两周，回来就指手画脚。""这人生活习惯太差，单身的时候也就罢了，现在有孩子，谁能跟他懒床到10

点啊。"

抱怨归抱怨，但是每次结束，她都叮一声，灵感突现一般，说："我要去跟他谈谈。"

老公有时候会辩解，他们争吵，和好。一天天过去了。

最近他们又生了一个孩子，一双儿女，凑成一个"好"字。微信头像是一家四口的照片。

你我都是凡人，既然那么在乎，就承认自己的小心眼吧。如果是真的爱人，他会捏捏你的脸，说"小气鬼"；又或者马上大喊大叫为自己辩解。

说出来，吵吵闹闹，那都是因为心里有对方。

尽量用"我"或者"我们"来开头。

"我们最近总是争吵，我很难过。我们能做些什么？"

"我觉得你不太满意我管教孩子的方法，可是我一直觉得自己还挺努力的，问题出在哪儿呢？"

"我很不喜欢你一个人闷头走在前面，我想要两个人手拉手，无论如何，距离都不超过 1 米。"

要相信，这是"我们"的事儿，不仅仅是"我"的或者"你"的。

不是指责地说，而是求助地说。

"我想着要改变，但是一张嘴就吵架。"是啊，因为我们说着说着就变成了指责和控诉。

"我说了他也不会改。"

如果我们说出来的目的，不是为了让别人"改"，而是在一段关系里，尽到自己的本分，学会表达和提醒，那么，在这个前提下，别人改不改不再重要，相反，还可能会有意外收获。

真正成熟的关系，是既然我们决定同行，那我们就一起，为我们的关系负责。

从"说出来"开始。

▷ **生活总有无能为力的时候，只能把它放到"以后"**
不正面面对问题，也是与问题相处的一种方法。

一

有心小姐最近非常非常忙，除了睡觉，都在工作。当然，睡觉时间也很短很短。

我们很久没见了，即使偶尔遇到，也多是匆忙点头，一句话分两次说，因为手机不断地响。两三年前，还能彻夜长谈，她烤饼干给我们吃，说话时专心致志。

近几年，每一次见面，她都比之前胖一些，我不好意思说她的臀部快要变成正方形了。就像她也不好意思说我已经快要前胸后背分不清一样，因为我越来越瘦。

生活真是王八蛋，我恨恨地想。

"有没有更轻松的活法儿？"有时候她会没头没脑地在微信上扔

一句。

"比如，谈恋爱和减肥？"没等我反应，她接了一句。

有心小姐已婚，丈夫比她还忙。

"唉……我就随便说说。"她自己结尾。

有心小姐前段时间换了新房子，妈妈从老家来看她，大包小包，满怀期待。住了 3 天，说什么也不住了。

"她一个人在我家，无聊死了！我没空陪她，事情太多了。"

"我老公也没空，我跟他常常各自出差，好像在两个世界。"

我忍不住问她："你要不要跟他谈一下啊？"

有心小姐不屑一顾："谈什么谈啊？等我赚够了钱，就把他给休了。"

过了一会儿，她低低地说："我是在逃避吧？"

我猜，她心里已经指责了自己很多遍。像是一只淋透了的猫，没了骄傲。

妈妈满怀期待地来到她的新家，却发现她的生活并没有什么崭新的样子；想要减肥，停止发胖，但是体重只增不降；在乎的那段关系，期待让它更顺畅、更亲密，但不知道怎么办，甚至连开口的勇气都没有。

我们又不是宇宙大帝，以破坏世界为己任。谁不想一切昂扬向上，往"更好"的地方发展，怎么偏偏就做不到呢？

不仅做不到，我们竟然还不去解决……

最大的失望就是对自己："你啊，根本是在逃避。"

逃避解决不了问题。是，有心小姐自己也知道。大道理讲起来，谁不是一套一套的。"现在把自己扔进工作里，暂时不去看那些问题，一天两天可以，时间一长，那些问题最终会以其他形式回来的。"

"逃避是没用的。我这样太蠢了。"有心小姐被这句话击中，从一只猫变成了鸵鸟，把脑袋深深埋起来。

前几天，我参加了一期视频节目的录制，主题是"收入多少最幸福"。

主持人问我："创业是不是让你对财富有了不同的理解？"

我对她说，顺序是反过来的。在我对财富有了不同的理解之后，才走到创业这一步。我身边有一些朋友会说，等我做这份工作赚够了多少钱，就去干啥干啥，比如我就出国读书、就去环游世界之类的。听到这些话的时候，我会想一想，是真的吗？听上去他是因为财富不自由才不能做选择，但很多时候再问下去，你会发现，不是钱的事儿。

"也有可能，是因为内心的某种不确定，我们总想把时间往后拖一拖，等到钱更多了，我就做好准备了。财富被拿来当了挡箭牌。"

这就是在逃避啊。说这些话时，我想到的是有心小姐。

有心小姐常常说："等我赚够了钱……"

把老公休了，当然是一句玩笑话。但有心小姐确实对未来有很多的美好设想，她想出国读书，去遥远的地方看一看。

她拼命地工作啊工作啊，都是为了"那一天"。

我参加的那期节目里还有一位快递小哥，他代表蓝领阶层发表观点："我的目标是买房子，然后把孩子接到上海。"

上海的房价……几乎不需要什么数学运算，担心明摆在那里。几位嘉宾发问："你这份职业打算再做多久？有没有算过房子要多少钱？"

快递小哥显然有点儿紧张，他想买 200 万的房子。

"即使首付三成，也要 60 万，按照你现在的收入情况，你觉得什么时候能达到呢？"

"我之前做小生意也有些积蓄，而且我们公司公积金等福利都很健全。"快递小哥不服气，"我去年已经买了辆小货车，这样就不用电瓶车送货了，效率更高了。"

有其他嘉宾出来圆场："他一定会成功的，他善于思考，优化工具，只要把当下的工作认认真真做到极致，没有什么不可能的。"还有人从精神上为小哥点赞："我觉得现场最幸福的就是这位快递小哥，他是目标最明确的。"

气氛稍微有些尴尬。那些"圆场"的话背后，也藏着没说出来的担心："你觉得现在每天低头干活就够了，可能你根本没仔细考虑过，到了孩子上学的年纪，也许你还没办法实现预期目标，到时候你怎么办呢？"

"你现在不去想，其实就是在逃避。"

二

节目结束时，所有嘉宾合影留念，快递小哥站在角落看我们，不知道该不该上前。他明明也是当期嘉宾。我招呼他："来啊，一起。"

他笑了笑，靠过来。

那嘴角勉强的笑，在我心里动了一下。

是的，他其实清楚得很。

大家忙不迭地指出的那句"你没意识到你在逃避吗"，他怎么会不知道？在生活的某些方面，可能是尽力之后无能为力，也可能是不知该如何面对。我在逃避什么，要应对什么，每一个人心里都清清楚楚。

就像有心小姐，心里什么都知道，但知道又能怎么样？

生活中总有无能为力的时候，不把它放到"以后"，又能放到哪里呢？

现场还有一位嘉宾是跨国公司副总裁，年薪过百万，海外留学背景，有两个孩子。他说，他今天来，其实是代表不幸福的那个群体。"因为人生到了这个阶段，反而觉得很迷茫。"他说得很真诚，但我知道，出了演播厅，他仍旧会以完美先生的身份过每一天。

那也是一种逃避吧，或许也可以说，那是他与生活相处的方法。

三

我们常常以为，自己能够指点别人的人生，好像真的知道所谓更"正确"的方式是什么。但也许，不去解决，也是人家的解决方式。

不正面面对问题，也是与问题相处的一种方法。

我们每一个人的心底，是不是都有一个我们正在逃避的什么？它可能是一段已经出问题的亲密关系，一份并不满意的工作，一种想要突破的生活，一个不够完美的自己。我们带着它，独自走了好久。

有时候它太隐秘了，没有办法与人诉说。在很多无法入睡的夜晚，我们悄悄看着它，对它说："等着啊，等我准备好了以后……"

在这些话里，我们安放的是某一部分自我，它残缺，坑洼不平，像我们走的每一步，跌跌撞撞，姿势难看。可是，这就是我们正在向前走。

如果再让我回答主持人的问题，也许我会说："我觉得财富也好、工作也好，有时候是我们强行为自己设定的一个目标，一个前进的方向。至于走到那个位置，它还是不是那么重要，就很难说了。我有个朋友，一直说等到她赚够钱就出国读书，重新开始一段新生活。我们一直都说她是在逃避，说她真正应该解决的问题不是这个。但也许那就是她的智慧吧。毕竟很多时候，需要面对的问题太大了、太难了。要把心放在一个确定一点的地方，才能有一种当下的意义，在生活中慢慢发力。说是逃避也可以。但之所以逃避，也是因为这个东西太重要了。"

想起有心小姐跟我说过：工作多好，我多花一分精力，它就回报我多一分。是啊，在不确定的世界里，能抓着这么一份确定，也是一种心安啊——想到这里，忍不住要嘲笑我们的发胖和消瘦，我们忙得团团乱转的样子，还有我们那个遥遥无期却又近在眼前的梦。可是，没关系啊，那就是我们的生活。

保留问题，也是一种智慧，也可能是更大的能力。

▷ 我最亲密的爱人，我要你站到我这边
信任你的另一半，她（他）没有那么不堪。

曾经一个视频在 Momself 的各个用户群里疯传：因为儿子在游乐场被踩，一个妈妈揪着对方女孩儿要求道歉，最后上升到和劝架的路人撕打。

妈妈们纷纷说："过分！这样肯定是过分了！"

不过，也只有妈妈可以理解妈妈。换成是我，第一反应就是心疼啊。家长首先是孩子的第一监护人，要对孩子的人身安全负起责任。小女孩儿不管是故意的还是无心的，她毕竟踩了我的孩子，无论如何要给反馈，制止这种行为，等等。

但今天我想说的是孩子爸爸。

视频里，我最气的一个人是这个爸爸。

他做错了什么呢？没有，他特别正确。

网上很多评论都在说，这个老公看上去挺有素质的，一手抱着孩

子，一手还一直试图拉住自己的老婆，有理有力有节。老婆呢，感觉是已经气昏了，连劝架的路人都打。真的，同是生活在一起的两口子，做人的差距咋就这么大呢？

我想，等这件事平息了，两口子带着孩子回家，老公多半会批评老婆：

"丢不丢人啊你，去跟那么小的女孩计较！能不能理智点！你看把儿子给吓的。"

那个崩溃尖叫、撕扯对方的女人，会不会自知理亏呢？

"可是，可是当时……"

"好了，以后遇到这种事冷静一点，控制情绪。"

"那是我儿子！我冷静不下来……"

"不也是我儿子吗？要不是拦着你，你都快冲上去咬人了！"

句句在理，特别正确。

想象到这样的对话，我已经郁闷得不知道怎么办了。

想起了闺密猫小姐。

她老公是一枚优质男青年，上学时是学生会主席，冷静稳重，自带气场。

一次聚会，她那天工作上遇到了难题，心情不太好，刚好另一个朋友说到什么事，猫小姐便对号入座，两个人话不投机，便呛了起来。

"你出门忘吃药了吗？"朋友嘴不饶人。

猫小姐杏眼圆睁，刚要说话，男朋友适时出来主持了大局：

"好了好了，都少说两句。"

"你也是，"男朋友对猫小姐说，"人家说人家的，我看你就是小题大做。"

刚才还尴尬着的大家忽然找到了一个开口，也纷纷跟着劝。

"你们给我闭嘴！"

尖厉的声音，那是我第一次看到猫小姐失态。

她起身去了洗手间，脸涨得通红，气到发抖。

那个跟她吵架的朋友都吓傻了，大家知根知底，拌一句嘴不至于生这么大的气啊？

我看着她的背影，心里清清楚楚感觉到，她哪里是在为朋友的事儿生气啊！

那天结束，猫小姐一路哭回了家。

男朋友跟在后面，一脸迷茫："第一，我就是觉得大家都是朋友，没必要为这么点小事闹得不愉快。第二，这种时候一人少说一句，就不会有事儿了。"

猫小姐只是哭，一句话也不说。

"好了好了，多大点儿事啊，别哭了。"

"大家本来出来聚会都挺开心的，你把大家搞得多尴尬。"

猫小姐第二天专门来公司找了我一趟，涕泪横流，哭得那叫一个难看。

"他正确！他太正确了！我在他眼里就是那样一个无理取闹、不顾大局的人吗？"

陪她哭完了一盒纸巾，我完全理解她的感受。

这是双重意义上的被抛弃：

第一，你失去了道理；第二，你最亲密的人也不站在你这一边。

然后，你还不知道怎么发火，因为人家真的很正确。

问题是他越是温柔体贴、理性平和，我们就越难过。很奇怪，那个人明明在我身边努力想让事情变好一点，但反而我从未体验过那样的孤独。

"真是见鬼了，"猫小姐说，"我被架到了一个很奇怪的位置上，进不得，退不得。如果我停下来，大家就会宽容地对我微笑：'还好你男朋友这么懂事。'我宁死也不接受那样的宽容。但是作下去，感觉就是'你越发证明了你有多糟糕'！"

谁没有失去理智的时候？你和我，每一个人。

别看我们平常都人模人样、风度翩翩，我就不信，你长到这个岁数，就没做过什么失控的事情。

半夜给前任打电话问"你还爱我吗"；明明已经超重还是忍不住吃了一堆巧克力；看着接下来日程满满的工作，忽然就蹲下来大叫"我做不了，我不想做了"；女朋友要离开，一米八的大男孩崩溃地抱着心爱的姑娘大哭。

可是在心底，我们都知道，一切会过去。我们会慢慢从过去爱情里的痛中走出来；会收拾完心情开始管理自己的身材；第二天还是会戴上框架眼镜，遮住哭肿的眼睛，去面对新的一天。可是在那几分钟里，在最亲密的人身边崩溃的时刻，我们是真的需要一些支持。那些支持，可能是帮我们说出心底的感受，替我们出气。

需要感觉到，有一个人是跟我在一起的。

我猜想，在那个哭成傻瓜，而最终一句话都说不出来的夜晚，猫小姐心底的那句话是："亲爱的，我一直以为我们是一体的，在这个充满误会的世界里，我们亲密无间、彼此理解，除了空气，你跟我之间连水都流不过去。"

"在你眼里，我真的是一个无理取闹、不顾大局的人吗？而你，真的不知道我那一刻有多难过、多糟糕吗？"

好吧，我想替她把这句话说得再明白一点：

"我知道我错了！但你，我最亲密的爱人，我要你站到我这一边！"

这句话讲道理吗？当然不讲了！

我们都是很讲道理的人——在 90% 的时候。剩下的 10% 的时候，我们特别敏感、脆弱、委屈，觉得自己一无是处。在这种时候，我尤其需要你。

我知道啊，这种想法大错特错。

但是你，愿意为了我，偶尔站到犯错的一方吗？

我一点儿也不喜欢那个视频中的妈妈，她表现得一点都不好。如果是我在那个场合，一定会克制得多，不是因为素质有多高，而是心里没有那么多委屈。

但我理解她。理解她站在所有人面前尖叫撕扯，被人们当成一个疯子，而老公一个劲儿劝她理智一点的时候，她为什么反而没办法停下来。

你以为她真的不知道自己这样很失态吗？

她不愿意做一个微笑的、平和的、看起来很有办法的人吗？

但我们都是普通人。很多时刻，面对这个怪招不断的世界，根本说不出具体的原因，就是会忽然失去力气，只能蹲在原地，涕泪横流，感觉被全世界抛弃。

——谢谢，不用提醒我们这时有多难看。

我们如此虚弱，虚弱到必须依靠同行的那一个或者几个人，在这个时候站出来说："看什么看！有什么意见冲我来！她的态度，就是我的态度！"想要有一个这样蛮不讲理的人替我们出气，然后我们就出来打圆场：别怪他们，是我不好。

他甚至都不需要真的为我犯什么"错"。

只要有这个姿态就好，甚至不用他真的伸手，我们就有力气站起来，往前走。

我一直挺喜欢黄磊的，他帅气（年轻时）有才华（厨艺好），但最打动人的，是他与孙莉之间的互动。记得看过他们夫妻俩的一次访谈。黄磊说，孙莉性格很内向，不太爱说话。一起上节目的时候，他会观察，如果孙莉今天状态好，愿意多说话，他就少说；如果孙莉今天不太张嘴，他就整场从头说到尾。

这是我心里接近完美的关系。

上节目，总要照顾效果的。他当然可以说："你要顾全大局，多跟观众互动。"但他做的是，"我跟你在一起，陪着你，完完全全地看得见你。"

所以，我不喜欢那个妈妈，但我真正气的是那个爸爸。

也许我应该先夸夸他，因为他很懂道理，在那个场合，做了正确的事。但是婚姻中最大的道理不是正确，或者说，在道理之上的最高道理是信任。

信任你的另一半，她没有那么不堪。

她不是没有是非观念（否则你这么懂道理的人，为什么跟她在一起）。她做了错事，是因为她真的很脆弱。这时候请你冲在她前面，站在她身边，跟她在一起，维护她，揽住她。也许妈妈那么拼命的原因，就是她只有自己一个人可拼。去告诉她吧，不要绝望，因为我在你的身边，我愿意支持孤军奋战的你。

没关系的，跟她在一起。

你当然会担心犯错，你担心老婆由此会走上错误的道路，担心别人议论纷纷，担心自己不像一个讲道理的人……那又怎么样！你娶的是老婆，又不是道理。

再糟，也可以两个人一起面对啊，总好过只有她一个人。

谢谢你，给了我一个无理取闹的理由
我们不是真的想伤害亲密的人。

一

猫小姐跟老公闹翻了天。

"我摔门就走了。"她说这句话的时候，眼睛还肿着，"气得发抖，不知道是气他还是气自己，哭完了大半年的眼泪。"

深夜，她拉我去江边散步，一步一步，像是要把钱塘江走穿。

你如果认识她，基本就等于认识了正能量本人，肯吃苦，能量足，积极向上，饭桌上是冷场杀手，工作时是行走的鸡血。

5 年前刚认识她时，更是甜得要滴水，有时候见客户，开口就叫"大哥"，我们忍不住私底下拉一拉她，"你今天只需要释放 50% 的热情即可"。这些年沉稳了很多，仍然是典型的好姑娘光芒万丈。

"你看我，面对外人，生怕一丁点照顾不周，对亲密的人，简直原形毕露。真是太过分了！"

我看她半天："不然呢？"

她没反应过来，一愣："啊？"

不然，我们怎么办呢？

当全职妈妈，被人说成放弃事业没有追求，但事实是每天无间隙应对小朋友成百上千次地呼唤"妈妈"，还得注意"对孩子保持耐心"；努力工作吧，还得消化孩子抱着你的腿大哭着说"妈妈不要走"的心酸悲楚；在职场拼搏吧，有甲方、老板、业绩要对付，你稍有轻心，就有可能被商业社会无情嘲笑；创业自己当老板吧，要带兵打胜仗，万一失败一次，自己不能泄气，得打起精神鼓舞士气，忍不住发火，担心话说重了，事后要安抚员工，使其保持积极性……

压力很大啊朋友！每天有一万件事情等着处理啊朋友！成年人的世界就是这么不轻松啊朋友！

有些人与心理医生定期见面，关起门来哭诉 1 小时；有些人抽烟喝酒，尼古丁和酒精把一些感受虚幻成烟雾。

那段时间我刚好接手了新业务，完全不熟悉甲方的话语体系和业务关系，每次去对方公司开会，路上都有种奔赴战场的绝望。千万级的招投标项目在半个月之内必须拿下，天天加班到半夜，没力气开车的时候老公来接，一坐上车，全身的真气立即消失，整个人缩进座椅。通常我们的对话是："你怎么了？""我不想说话，你开你的车。""咣"的一声，像一个冰块砸到他脸上。

他也有脾气上来的时候，如果他勇往直前再多说两句，那就算踩到雷了，必然原地爆炸，或是以我放声大哭收场。

憋了一天已经胀成气球的我，好像就是为了等他来戳。

哭到力气用光，但是，元气仿佛回来一些。

当听到朋友告诉我，他的解压方式是找陪聊时，忽然觉得，跟亲密的人爆炸一次、大哭一场，还是很值得推广的……

但我能理解猫小姐的不安。我们都这么被指责过啊。在网络上搜索一下"对亲密的人"这个关键词，排在最前面的结果都是"为什么我们对陌生人客气，对亲密的人苛刻""我们要对亲密的人保持尊重和耐心"。

大家被教导的是，亲密的人是真心在乎我们的人，你却把最好的状态都留在外面，把受到的委屈发泄到他们身上，你于心何忍！

但那些委屈还能安放在哪里呢？

鹿姑娘是朋友圈中的学霸，自学拿了精算师和心理咨询师证书，学过3门外语，总之就是各种事情都能搞得定。

前段时间她想买房子。白天工作忙，晚上抽时间跟着中介到处看，综合价格、环境等，好不容易选中一套，又赶上限购政策出台，她跟老公倒是符合条件，但无奈房价在那几天涨得飞快，房主一拖再拖不肯签约。

拖一天就是几万块人民币，她急死了。又赶上那段时间她刚换了新工作，各种业务还不是很顺手，着急上火，感冒发烧了好几天。她自己工作忙得压根顾不上看病，反倒一听说房主生病住院，立即带着水果去探望，晓之以理，动之以情说了一下午，终于把合约签了下来。

谁知道半个多月之后，房主还是打算毁约，把房子卖给出价更高的人。

得知这个消息的时候，鹿姑娘正在开会。项目一直没有起色，两个同事隔着桌子针锋相对，手机响了，中介的短信："没办法，我们也尽力了。"轻轻巧巧几个字。

鹿姑娘按掉手机，面无表情，继续讨论项目。老板正在发飙："下次绝不允许再有这样无效的会议！"

她说："好。"

她没法崩溃，因为是在工作，那仿佛是作为成年人的基本要求；她也不知道怎么崩溃，这不就是商业社会里经常会遇到的事情吗？认栽就是了，有什么好说的。

但是明明感觉到肚子里、脑袋里、喉咙里有股邪气在冲撞。那天回到家，她一会儿研究合同条款，一会儿找律师朋友，一刻不敢让自己停下来。老公在一旁不经意地说："哎，算了，当时就觉得这房主不实诚，不卖就不卖了吧。"

这下真是撞上了枪口。鹿姑娘极少发飙，但发起飙来自己都害怕。怒气发泄完，又抱着老公一阵号啕大哭，最后抽抽搭搭地睡去。

神奇的是，第二天醒来，她感觉到一个月以来第一次这么轻松。

继续加班加点地工作，继续奔波看房子，继续和老公斗斗嘴。但是她觉得安全和踏实，因为那是亲密的样子。

"唯恐誓盟惊海岳，且分忧喜为衣粮"。

二

我们从不是真的想伤害亲密的人。这一生，我们一直在学习对自己的言行负责，一句话可能会产生什么样的后果，会不会伤害到别人。我们逐渐知道分寸，八面玲珑。这很好，是我们多数时候的状态，是生存法则。

像一只不断磨炼爪牙的猫，时间长了，渐渐摸清楚自己与人接触的力道，却也在另一个人身上，抓出了横七竖八的血痕。

有时候觉得应该说一声"谢谢"，但又觉得太做作。

还是继续看他不顺眼吧！

不顺眼，各种不顺眼。他有多嫌我们矫情，我们就有多嫌他没用。从早到晚，这种人的存在就是为了惹人生气——你怎么可以这么笨啊，这么不会说话！怎么在我心情不好的时候喋喋不休个没完啊！怎么说你两句就不吭声了啊！怎么还反问我到底想要你说话还是不说话啊……天啊！怎么这么没有眼力见儿啊！

但是，其实，谢谢你。

谢谢你，给了我们一个无理取闹的机会，谢谢你惹我们生气发怒，其实我气的根本不是你。在我们没有力气的时候，因为还有一个人可以让我们不顺眼，我们好像多了一些胆量，更原始、更粗鲁，跟文明社会的教导背道而驰。我爆发起来像一头莽撞的牛，你拉不住，也搞不定。那些怒气席卷而来，我面对那片狼藉，不知所措。

不是不懊悔，幸好每次你都会说："不然呢？不然又能怎么办？你这么难。"

于是，又想哭了。

这一生，能碰到几个在他面前哭成鬼而不觉羞耻的人。

幸好有你在，我还能偶尔当个孩子
我们通过爱护对方，来抚慰自己。

新认识的合作方是一个妆容精致的女生，举手投足间有贵妇气质，第二次见面，她喊我 CC 姐。我疑惑，那天站在她拎着新款手袋、脚踩 7cm 高跟鞋对面的我，明明踩了一双半旧的球鞋。

在摄影棚拍片，灯光小哥大着嗓门指挥我："大姐，你往左边来一点，我冲一下光。"

帮一个"忘年交"的女孩填写毕业实习建议，她微信上发来语音，"谢谢 CC 阿姨帮忙"，声音甜出水来。

一哥们儿新换了一辆兰博基尼跑车，我们齐齐要求去兜风，他嬉皮笑脸地说："本车只承载 90 后少女。"

"姐、大姐、阿姨……这个社会太残酷了，生活面露凶相，每天不断地提醒你真相。"我一边跟老公抱怨，一边走进家门。儿子从床上跳下来冲到我怀里，喊："妈妈！"

老公指指儿子，不怀好意地问我："你还需要别人提醒你？"

所谓残酷，是你其实根本不信了。无外乎是希望有人对你睁眼说几句瞎话而已，但是真要听到"看不出你孩子这么大了"，你也完全不相信，只觉是客套。

所谓残酷，是亦舒笔下少女对年龄的评价：

锁锁低头："你我快过 21 岁生日了。"

"真没想到我们也会到 21 岁，时间过得太快，很不甘心。"

"他们说过了 30，一发不可收拾，像骨牌一张张接着倒下，连年贬值。我们的好时光，不过这么多。"

所谓残酷，是你一肚子憋屈，来不及发作，对方不耐烦地说："我还有百八十件事情要处理，有这点时间干什么不好！"算了，冷静，是少女才有的特权。

但这世间，总有那么几个人，她们迷惑自己迷惑你，让你有片刻恍惚，以为时光从未离开。

是女朋友们。

一起长大的那种，抢咸蛋黄和西瓜瓤的那种，最适合在初夏时节拿来怀念。

女朋友 Afra 在美国，做独立摄影师，把爱好当成事业。前几天问她打算何时生孩子，她说："我还小啊，不着急。"

　　我们不会忘记 15 岁那年，她爸爸肝病去世，她回老家参加葬礼。那时候都还在用座机，前后几天我不敢离开电话，一有声响立即弹过去，生怕她找不到我。她在葬礼时溜出来给我打电话，哭得气都上不来："太难了，感觉天要塌了。"

　　那时候不谙世事，脆弱得像是纸片，却也依靠着友谊走过一段时光。

　　因为时差的关系，我的苦闷也很少直接向她哭诉，只是默默翻看她的 INS 账号。她发了很多作品照片，自嘲是史上修图最慢的摄影师，但我知道，因为必须保证每一张都是她眼中最完美的作品。看到她从不低头，依然生机勃勃，我会踏实一些。

　　那年夏天，大家天南海北地聚在一起，在街头不管不顾地大笑，迎面走来几个女高中生，那是我们曾经的模样。

　　Afra 问："她们会不会觉得，这几个大姐有什么好高兴的？"

　　琳子说："管她们呢，好像她们不会到 30 岁似的。"

　　有没有发现，跟她们在一起，你很少恐惧年龄。跟她们在一起，没头没尾，哭点笑点都特别低。不需要担心被冒犯，也不用担心会越界。

　　初恋男友与你同龄，岁月对男生要客气得多，他的小女友娇小甜美，两人的合照 PO 到朋友圈，穿着情侣装。总有好事者辗转发给你，等着看你的表情和反应。

　　此时你已是 3 岁小朋友的妈妈，人生再怎么精彩，也已经到了下一个章节。

"你随便套个麻袋都比她好看百倍。"Afra 瞥一眼，冷冷地说。她平常假装安静秀气，和我们在一起时格外粗鲁无脑。

她不是想抨击谁，她只是想保护你，用她的方式。

奇怪，明知道是瞎话，但你愿意相信她，心尖处向她打开一条缝。因为你知道那里有真心，在她这儿不会受伤。

跟女朋友们在一起，世界好像不只属于年轻活泼的少女，相反，这些有种种不如意，时常惆怅的中年女子，也敢于看见自己的可爱。

我们通过爱护对方，来抚慰自己。

成年后结识的人，多是利益驱动，看中彼此的光环，挖掘各自的需求。在手脚必须比平常快 3 倍的都市生活中，这样的关系稳定且牢固。在这些关系中，你必须冷静，要靠大脑与别人相处。约好的会谈，对方迟到 3 小时，等，心甘情愿地等。对方终于来了，你站起身面带微笑，道一声"辛苦了"。内心平静，毫无怨言。因为你希望求得合作，等待无外乎是一种姿态。

成年后遇到爱情，依旧相信它有万般美好，但是也相信它不是万能的。对方嘴上万般宠爱，"你慢慢来，我等你"，这是头几次。但你不能恃宠而骄，得知道界限。如果约会超过半年，还有迟到半小时以上的行为，也许对方会不经意地提醒你："下次早点打招呼，我好安排自己的事。"

别人愿意爱你，那是对方赐予你的。很多时候，是你自己不敢再全盘接受了。

花瓣落下，潮水退去，剩下的只能是一个"更好的"自己，以及女朋友。

面对绝大多数人，我们是不能露怯的，必须干一杯鸡汤——"你我都是积极向上、有两把刷子、不轻易低头之人"。

面对少数人，你实在绷不住了，在 TA 面前崩溃过一两次，末了，对方会说："你这么大人了……"你恨不得时光倒流，憋死也要挺住。

谢天谢地，有那么几个人，你是敢在她面前露怯的。电话通了什么都不说，大哭一场，第二天继续在朋友圈里装坚强，也不担心她笑话你，就是那样的女朋友。

"我成功，她不嫉妒；我萎靡，她不轻视。"

谢谢你！

不得已的时候，我们用"生病"来相爱

你需要，而我刚好有。

一

闺密 S 小姐，交了一个特别 man 的男朋友，我们姑且称之为 M 吧。

身材健硕、风趣幽默，一群人聚会，他两句话就能嗨翻全场。

有些男人走进一屋子女生的房间，女生们是意识不到的，该斜靠在沙发上、该跷着二郎腿的都照旧；有些男人一进屋，女生们会忍不住整理裙角。

M 明显属于后者。S 小姐为他着迷，裙角不敢有半分凌乱。

他们在一起，多数时候很开心——除了不开心的时候。

M 的性格像肌肉一样结实，最烦女生闹情绪。用 S 小姐的话说，"我一不高兴，他立即会用更大的不高兴给我压回去。如果我不及时收住，两个人一定会大吵一架。有时候吓得我都不敢闹脾气。"

可是谁能没有脾气呢，成年人的生活，总会有顶不住的时候。更何况在 M 先生这样一个行走的荷尔蒙面前，女生会格外娇弱一些。但是，不可以！

我见过他俩吵架，气氛极其紧张，任何一句话说出来都是火上浇油，会引发更大的爆炸。M 先生生气时，所有的肌肉仿佛都充血了，整个人膨胀了好几圈。我躲在 5 米之外，听他吼："就这么点儿事儿，至于矫情成这样吗！""我最烦女生哭！要不等你哭完我再来吧！"

"这估计处得不久了吧。"我心想。

前段时间 S 小姐生日，喊大家来聚会。她还是美人一个，M 先生陪在她身边，眉宇间温柔了许多。我们许久未见，叽叽喳喳叙旧，说她看上去瘦了很多。

S 小姐扭头看了 M 先生一眼："有一段时间了，老是头晕，晕得厉害时，天旋地转，只能躺在床上。也不算严重，过一晚上就好了。"

"不用去医院看看吗？"我问她。

"看什么啊，都是他给气的。第一次头晕，就是他吼我的时候。气到头晕。"

S 小姐声音小了些，露出笑容："不过啊，他这个人虽然平时大男子主义，没料到我病了，他倒是格外在乎，陪着我说话，给我做饭。"

我转头看了看 M 先生，他跟几个朋友聊得正高兴。S 小姐生病，好像给了他温柔的出口。

如果这样相爱不行，那么我们换个方式，会不会爱得更好？

二

一次饭桌上，一位女企业家跟我们讲起十几年前刚结婚的时候，老公特别喜欢打麻将，下班回家吃饭，筷子一放下就要出门去跟朋友们打麻将。为这事儿两人起过不少冲突，后来有几次，老公一要出门，她就会胃痛，上吐下泻。先生没办法，只能留下来照顾她。

饭桌上有人笑说："你真有办法。"

她吊起嗓门："是真痛，真吐！我自己也不知道怎么回事儿！"

我认识她十几年，看过她在商场上如何跟人唇枪舌剑，赚大钱不算小账，知道她绝不是一个能装的人。

后来呢？

后来她老公教会了她打麻将。那时候我们已经相识，常听到她电话里约局："哎，今晚有空吗？两桌。"

他们夫妻俩一人一桌，有时候直接在牌桌上解决晚饭。打完牌，双双回家，再和谐不过了。

她有时候还是会胃痛，但绝不是在麻将桌上了。

说出来你可能不信，想生病和真生病之间，其实差得没有那么远。

三

我的"忘年交"凌姐，是我见过的这个世界上最坚韧也最柔弱的女性。她很瘦，风一吹好像随时会倒，可是又那么有韧性。她很早就跟丈夫一起下海，肩扛手提做生意。我还小的时候，看过她跟供货方还价，对方态度从客气到不耐烦，再到恼火。我吓到不行，感觉人家马上就要火山爆发，可是凌姐的呼吸丝毫没有起伏，一直保持着同样柔弱的语气和音量，直到对方妥协。

后来进入职场，在很多次的商业谈判中，我时不时会想起那次谈判。实话说，那种"水生万物亦能覆万物"的韧性，是我见过最难复制的能力。

我一直觉得，凌姐身体里有一个秘密武器，是她与这个世界始终保持联系的纽带，那就是生病。

她常常生各种各样的病，胃溃疡啊、牙齿坏掉要重新换啊、膝盖受伤啊……我们急吼吼地劝她去看病，这么多年，她一直保持着同样的语气和声调："唉！没时间啊。""很担心检查出来结果不好。"我们更着急了，时不时联系她，问问她身体情况。

她有一个弟弟在外地，照顾老母亲的责任便落在了她肩上。因为操心，凌姐的确比平常辛苦很多，也更经常生病了。但凡她生病，弟弟都是那个最紧张、最焦虑的人，一遍遍打电话，确认她病情如何。

有时候我觉得，"生病"是他们姐弟俩特殊的沟通方式。凌姐的"生病"，是她表达辛苦和舒缓生活节奏的方式，而慰问姐姐的病情，是弟弟表达没有办法共同照顾母亲的愧疚之情的方式。

你需要，而我刚好有。一来一往，一分一毫，都有其意义所在。

四

为什么想起这些事呢？因为前两天小核桃病了。

我曾经以为，如果小孩子生病，我一定会是个极度焦虑的妈妈。

小时候我常常生病。有多经常呢？我爸给我记过生病日记。翻开来，基本隔两天就有新病情。儿童医院上上下下的医生、护士都混了个脸熟，几个科室溜达一圈，叔叔阿姨叫了一遍。

我对生病的记忆，是可以请假不去上学。如果去上学，老师会点名表扬这个孩子多么努力。生病可以赖在床上看漫画，得到父母额外的关注。

生病很严重呢。这是我长久以来的认知。

直到长大以后，有一天忽然意识到，那无非是一种身体的变化而已。

虽然难受，不方便，但我已经知道它是怎么一回事了，便没有什么值得格外关注的地方。该看病就看病，该吃药就吃药，除此之外，照样吃饭睡觉打豆豆。

"生病"这件事，并不比生活中其他事占据更特别的地位。

我惊讶于自己这么多年来，为什么会忽视这个简简单单的事实。好像生病本来应该有什么了不起的意义一样，好像一旦摸到额头发烫，就可以对着什么人大声呼喊："快来！快来！我生病了！"

我需要对谁喊出这样的声音呢？第一次一个人躺在租来的房子里，烧得昏天暗地，我忽然想起小时候那些可以大喊大叫的日子。可是我已经长大了，大到不能再肆无忌惮地接受疼爱。吃了药，蒙头睡了一晚上，起床，上班，像是什么也没发生过。

后来我当了妈妈。小核桃跟其他所有小朋友一样，严重湿疹、病毒性疱疹、高烧……就这样，他一点点体会长大的感觉。

他半夜会醒，出汗，哭闹，我给他擦汗、喂水，摸摸头，按摩他的小手小脚，然后一起睡去，再醒来。

一般一天一夜会退烧，其他症状逐渐显现出来，有时候是肠胃问题，有时候是疱疹，有时候吐了一床一地。我问他："是不是吐出来就舒服了啊？"他哼哼两声。

反反复复，很辛苦，但是彼此心情都很平和。

那么容易焦虑的我，在孩子生病这件事上，比我自己想象的更坦然。

折腾了一夜，早上醒来，他又烧起来了。我困得要命，还要上班。

姥姥忧心忡忡地看着我。我知道她是想说："孩子生病了，你也没睡好，要不就在家休息一天，陪一陪他吧。"

我看向核桃，他跟我招手再见。除了有些发烧之外，看起来精神还不错。我知道他也希望我多陪伴他一会儿，但也许他已经接受了每天早上跟妈妈分别的事实。有那么一瞬间，我有点心疼他，心想要不今天就多陪陪他算了。然后我立刻反应过来：我心疼的究竟是他呢，还是他的"生病"？

我跟他道别："小核桃在家好好吃药哦，过一段时间病就好了。"

小核桃点了点头："妈妈再见。"

我逐渐意识到，我跟小核桃之间，有很多种表达情感的方式。我心疼他，或是他对我失望，我们都不需要依赖生病来进行这种沟通。我们可以在生活中频繁顺畅地表达爱和愤怒。他跟家里每一个成员表达爱，接受我们的爱；他看见每一个家庭成员之间的争执、和好；我们吵架，争抢一个蛋糕，他气我的时候，会用小拳头在我身上比画，"左一拳右一拳，上一拳下一拳"，转头愤愤离开，马上又回来说，"忘记了还要踢一脚"。

如果，我对他，他对我，都不需要通过生病来表达什么，那么生病也就只是生病而已。

那天回到家，核桃趴在地上玩玩具。我对他说："妈妈回来了！"

他玩得高兴，忙不迭地举起搭好的乐高给我看。

一切跟平常一样。如果不是桌上有药瓶，我几乎都想不起来，今天是他生病的日子，早上出门的时候，额头还滚烫呢。

姥姥在一旁说："他已经退烧了。"

我不需要你的时候，最爱你

我全然接受。

一

猫小姐最近的苦恼是：老公与自己的成长不同步。

猫小姐的老公是建筑专业，常年泡在工地，一身汗，两腿泥，累到回家只能倒头睡觉，但收入一两年也未见增长。猫小姐呢，高级白领，打交道的都是商界精英，人人顶着一个智慧的脑袋，聊起天来，三句里必有经济趋势和人工智能。

"我在工作上的困难，得不到他的指导。两个人没有共同话语了。"

"唉，她老公啊，就是成长太慢了。两人完全不同步，这日子该怎么过。"闺密甲、乙、丙也都跟着急了起来。

去年热播的《我的前半生》，据说也是类似剧情。

35 岁的女主角子君，从大学毕业就嫁为人妇，做了近 10 年全职太太，家里保姆把全家生活照顾得妥妥帖帖，儿子乖巧，丈夫不仅多金，还温柔，最大的心愿是"给你和儿子一生幸福的生活"。

这么完美，总是要有些起伏，否则一直生活在云端，平凡人仰着脖子看久了也累。

老公爱上了别人，而且"别人"不是她严防死守的肤白貌美大长腿，而是一个离婚带着孩子的中年妇女，这更让子君从天上狠狠地摔到地面。

子君不知道自己做错了什么，"是你说要给我一生的幸福，是你让我结了婚就不要工作，我生活的意义都是你赋予的啊"。

为什么完美的生活会在一夜之间崩塌。

热心群众又着急了："你看吧，女人要维护婚姻，一定要保持自身成长。你不跟上步伐，只能被淘汰。"

听到这句话的时候，不禁想起猫小姐苦闷的娃娃脸。最近一次见面，问起现状，她顾左右而言他："不想说。"

过了一会儿，她嗫嚅着说："工作遇到困难，经济有压力时，总是得不到他的支持。跟他也谈了，但他觉得即便换工作，也达不到我们的预期效果。"

"应该会分开吧，感觉不需要他了。"

二

这种说法，总觉得怪怪的。

我试着翻译一下这句话：如果你完不成"同步成长"这个 KPI，是有可能被我"下架"的。

这是什么意思呢？它反映出对关系的一种理解：它是一份工作。

一份做不好就有可能要换人的工作。

这是我感到奇怪的地方。

亲密关系，难道不是我们在繁重工作之余的一个避风港吗？从什么时候开始，它变成了另外一层负担呢？

作为对比，我们可以看一下跟孩子的关系。"你要快点成长啊，8 个月还不会爬，3 岁了还不会说话，我就打算换一个孩子了。"

你会这样跟孩子说吗？

你以为你这样说或者不说，孩子就不成长了吗？

每个孩子都在按部就班地长大，会做的事情越来越多，接触的世界越来越大。从来没有哪个孩子，由于缺乏父母的"下架"威胁，就会停下成长的步伐。恰恰相反，我们给孩子的支持越多，孩子探索世界的时候就会越自信、越安全。

相信我，每个人都在成长。就像吃饭和呼吸一样，成长从来都是自然需要。

我们好奇，我们探索，我们奔跑，我们走过全世界。

何必在背后补一刀呢？"你要是成长得不够快，你就不被爱了。"

要是真的不爱了，就不爱吧。

想离开一个人，直接离开就好，没有什么好难为情的。爱一个人是不需要理由的。亦舒说："爱不爱那个女子，吻过便知。"那么，不爱一个人也不需要理由，没必要把锅甩出去："你不够好，我才不爱你。"

从什么时候起，我们把"需要"跟"爱"画上了等号？

深夜无人，你问自己："我还爱他吗？"

应该还爱吧，因为我需要他。

我需要带一个人出去时脸上有光；需要一个人和我一起还房贷；需要一个人和我一起养孩子；需要借一个人的存在，帮我抵抗我的自卑；需要一个人帮我打扫这一地鸡毛……需要一个人跟我一起进步。

真的吗？真的只是因为这些，我们才相爱的吗？

千万别忘了，顺序是反过来的啊。相爱的人是会互相需要的，但相爱是这一切的前提。没有人真的会因为想找人一起养孩子，才爱上这个人的吧？都是因为爱上这个人，才想跟他一起养孩子的。我们爱一个人，所以投射给他各种需要。怎么能是反过来的呢？好像只有满足了那些需要，这个人才值得被爱。

你不够优秀，我就不再爱你；我们没有共同语言，我就不再爱你；你不与时俱进，我就不再爱你。

仿佛我站在这里，双手抱于胸前，什么也不说，只是看着你。你满足我的要求，达到我的标准，我就爱你。否则，我怎么爱你啊……

爱，难道不是两个人的事吗？

你为什么蜗居在家中，不再向前？你看到我想要拉住你的手了吗？

是什么让你害怕，不肯伸出手来？你在拒绝什么？安稳和安全，是不是你更在意的？

这些问题，你问过他吗？你真的"爱"你身边的这个人吗？

亦舒说，我们受生活所逼，身心渐渐起了变化，运气好的变化，运气差的退化。

我很喜欢的一本书叫《高效能人士的七个习惯》，曾经有人问作者史蒂芬·柯维："我的婚姻真是让我忧心忡忡，我和太太已经失去了往日的感觉，我猜我们已经不再爱对方了。该怎么办呢？"

你知道柯维怎么说的吗？

他说："去爱她。"

对方很奇怪："我说了，我已经没有那种感觉了。"

"那就去爱她。"

"你还没理解，我是说我已经没有了爱的感觉。"

"就是因为你已经没有了爱的感觉，所以才要去爱她。"

"可是没有爱，你让我怎么去爱呢？"

"老兄，爱是一个动词，爱的感觉是爱的行动所带来的结果，所以请你爱她，为她服务，为她牺牲，听她心里的话，设身处地为她着想，欣赏她，肯定她。你愿意吗？"

三

我问猫小姐："你问过他吗？为什么不愿意改变，与你保持同步？"

"我知道啊，因为他害怕换一份工作也达不到我的期望，索性就不变了。"

说起来的时候，猫小姐余怒未消，一副恨铁不成钢的样子。

我递给她一杯水，让她消消气："你的意思是，你的期望太高，反而成了他改变的阻力。"

猫小姐愣了愣，从来没这么想过。

"你爱上的就是这么一个人吧，追求安稳，脚踏实地。"我拍拍她的手，"回去可以问问他，安全和安稳，是不是他想要追求的生活？他在你没看到的时候，是不是也在用自己的方式努力着。"

"毕竟，你那堆 KPI 就已经够烦的了，就别再把老公也变成 KPI 了。亲密关系没有理性，也不需要公道，不过是你我愿不愿意。"

我们笑着分开，我看到她的背影，好像有一点点轻盈。

对了，忘记跟她说了，关于建筑工人，跟猫小姐的老公一模一样的建筑工人，亦舒也写过。

《我俩不是朋友》里，午牛为了拿到居住证，留在异国，到各处做工，赚取生活费。他与经济分析师精次胜利小姐第一次见面是这样的："那女子走进来，未抬头，便闻到楼上年轻男子的汗息。她的目光朝上看，只见那少年光着上身，举高双臂。他强壮的双腿踏在梯子上，正伸出手去整理水晶流苏灯，身躯略略打横，姿势优美，像一只豹子趴在树干上。女子看得发呆，要过一刻才定下神。"

后来他们相爱，却不知彼此身份。

"精次不问，午牛不会自动揭露过去。午牛不好奇，精次也不会说出身世。午牛所知道的是，精次钟爱他，他可以感觉得到。"

他们互相尊重，保持距离，却又真正亲密无间。

他并不想在她身上得到其他好处。他们各自在生活中挣扎，为自己谋生，并不牵连对方。看到午牛皱眉，精次问他："你有心事？"

午牛不出声。

"想讲的时候，尽管对我说。"

他们地位悬殊，但是全然接受。

一个是经济分析师，财务自由，往来于精英圈层；一个到处给人帮工装修，靠出卖体力赚取生活费。

可是，她邀请他出席茶会。

午牛以为精次会替他安排衣物，但是没有。

"我穿什么？"

精次诧异："就你平常穿的白衬衣、卡其裤，整洁就好。"

"这是粗衣麻布，我是一个白丁。"

精次轻轻说："这就是你，我完全接受这个你。"

这才是爱情。这才是亦舒。

后记

你的那句"我没有梦想",听上去像是"我害怕"

一

我从事管理工作 10 多年。从最开始的几人小团队,到近百人;从刚刚毕业的大学生,到人精一般的老销售,形形色色的同事和合作伙伴,穿梭在彼此的生活中。

管理最重要的对象是人。也因此,这 10 年来,无数年轻的同事走进我的办公室,向我袒露自己的迷茫。他们性格各异,长相不同,来自不同的地方——小镇或者都市。他们有的刚强、有的开朗,可他们的迷茫却一模一样:

"我不喜欢现在的生活,可是我不知道自己到底喜欢什么,该去追求什么。"

如果刚好是夜晚在加班,有漫长的时光可挥霍,也许我们会长谈。有时是白天,打仗一样地紧张,有永远开不完的会、处理不完的邮件,我会尽快结束沟通，只用简单几句话。

但所有的谈话最终只会走到一个方向，"我从不相信一个人真的不知道自己喜欢什么"。

甚至，我会直接问："你为什么要一直阻止自己去承认自己喜欢什么呢？你在怕什么？"

他们常常愕然——这不是期待的安慰。

是的，谁有义务去安慰谁？如果你已脱离襁褓，走入社会，请做好准备去承担一个中年女人的指手画脚。谁叫你现在刚好是她的下属，你自己闯入她的办公室，当她鬼话连篇的时候，你还不好意思夺门而出。你看，这就是生活本身，处处是真相。

我要说的话从来没有改变过，"我从不相信一个人真的不知道自己喜欢什么"。

但为什么那么多人会说"我不知道我想要追求什么"呢？

因为啊，说自己不知道，比承认自己做不到要容易太多。

"我知道我想要的是什么，可是，如果让我为之努力，我觉得自己能力不够，做不到。"

说出这句话，是不是有点儿难？

二

职业生涯中对我来说最重要的一位老师是吴晓波。认识他时，他刚刚开始操办一家财经出版公司——蓝狮子。他写过《大败局》，被评为影响中国商业界的 20 本图书之一，那时正着手出版《激荡三十年》——这本书后来几乎奠定了他"财经写作第一人"的身份。

吴晓波老师喜欢李普曼，美国著名的新闻评论家和作家，被罗斯福总统笑称为"全美 30 岁以下最著名的男士"。

关于李普曼，晓波老师从不隐藏他的向往："我还常常想起那个影响我走上职业记者道路的美国人。1908 年，正在哈佛读二年级的李普曼就住在查尔斯河畔的某一座学生公寓里。一个春天的早晨，他忽然听到有人敲房门。他打开门，发现一位银须白发的老者正微笑着站在门外，老人自我介绍：'我是哲学教授威廉·詹姆斯，我想我还是顺路来看看，告诉你我是多么欣赏你昨天写的那篇文章。'我是在 18 岁时的某个秋夜，在复旦大学的图书馆里读罗纳德·斯蒂尔那本厚厚的《李普曼传》时看到这个细节的。那天夜里，它像一颗梦想的种子不经意间掉进了我尚未翻耕过的心土中。"

他以这个人为生命的某一种标杆。"像李普曼一样著作等身"，是他时常挂在嘴边的一句话。他们甚至引进过《李普曼传》的版权，卖得不太好，但没关系，自己的出版公司引进并出版了这本书，对当年 40 岁的晓波老师来说，已经是意义本身了。

他喜欢说的第二句话是："这一生，你遇见什么人，就会成为什么样的人。"

就像李普曼之于他。这么多年，无论每年飞多少公里，哪怕今天还在南宁，明天就要飞去德国参加工业展，他依然保持写作。大抵是因为他心里住过一个李普曼，他"遇到"过他，就会成为他。

只是，这句话，我不认同。

可能是它本身太不确定，仿佛我们只能等待生命中出现那个人，之后我们的生命才会有了方向。

我相信的是，你想要成为什么样的人，你就会遇见什么人。

著名女哲学家汉娜·阿伦特曾跟随海德格尔、布特曼和雅思贝尔（三人均为德国著名圣哲）求过学，成绩斐然，被誉为20世纪最伟大、最具原创性的思想家、政治理论家。

有记者问她："当年为什么会选择哲学这条道路？"

她说："我从14岁起，就确定我要读哲学。"

"为什么会选择攻读哲学呢？"

"因为我读了康德……你可能会接着问，为什么会读康德？之所以做出这个选择，是因为对我来说，除非是读哲学，不然我宁可跳河自尽。不是说我不想活了，而是我之前讲的，我想要了解这个世界。这种想去了解这个世界的念头，我很早就有了。"

你呢，你很早就有的那个念头到底是什么？

不要告诉我，你不知道。

在你还是个孩子的时候，是看到哪一本书而激动得整夜不能入眠呢？是亦舒，还是金庸？是科幻，还是《李普曼传》？

在你进入大学或是接触社会的时候，你记得哪一位老师、哪一位合作伙伴曾让你如沐春风，眼光久久不肯从 TA 身上离去？

在纷繁吵闹中，你做什么事的时候，哪怕再辛苦，都感觉不到时间流逝？

我们从来都知道自己喜欢什么，因为感觉骗不了人，那几乎就是本能。

可是，为什么我们一直苦苦骗自己"我不知道啊，我不知道"？

也许有人会说："好啦，我是知道自己喜欢什么啦，我是想要改变啦，但是，算了吧。""不现实啦，怎么可能想要什么就有什么。""没有背景也没有地位，有什么好拼的。""年纪大了，跟年轻人不能比了。""都生了孩子了，还怎么折腾呢？"

又是为什么，我们哪怕看到了梦想，也不敢伸手去碰触呢？

因为，不敢啊。

我们怕的是，我做不到，我没准备好。

因为世界很大，因为未来很遥远，因为无限的可能性。怎么才会成功呢？向哪里走才有希望呢？我有那么多问题都解决不了，我无法掌控我的生活，我连在大伙儿面前做一次演讲都做不到，我甚至没办法让自己的孩子和爱人听我的话，还谈什么梦想！

我们总是从大处着眼，然后被焦虑所吞没。面对那无可着力的未来，我们告诉自己"再等等"，"现在还不到时候"。皱着眉叹息"我还没想好自己想要什么"的人，按部就班地活着，他们是多么需要那份安全感啊。那不如就去享受那份安全感，如何？

除非你想要告诉自己，"现在已经是时候了"。

已经是时候了，就在此时，就在此地，哪怕你一无所有。

这是我在这10年中学到的最宝贵的东西。从此刻出发，张开双手，去掌握全世界。

你当然会怀疑自己没办法，你本能地希望多等一等，三思而行，而我要告诉你的就是：

有办法。办法就在这里。

当你的梦想出现时，我们有办法认出它，而不是错过它；在跟"梦想"面对面时，我们有办法伸手触碰它、接住它，而不是躲开它。

我们有办法，从这一刻开始，走向一个更想成为自己的自己。

我们不敢触碰梦想，因为我们害怕自己做不到，总觉得自己没准备好。

我们需要做些什么，让自己变得更有力？我们需要做些什么，让自己的每一天都立体起来，而不是日复一日苍白无力？

不要再惶惶不可终日了，总照顾别人的情绪，而应该看清楚什么才是真正重要的事情，精确分配你的精力。

不要以为大嗓门、凶巴巴才能镇得住别人，只有改变别人的心理预期，你才能真正做到每一句话都掷地有声。

不想再被焦虑所束缚？也许可以通过悖论干预，灵活与焦虑相处。

无法面对与爱人、家人之间的冲突？学会"使用"冲突，你们会变得更亲密。

　　想到要与严厉的老板、德高望重的客户打交道就发愁？也许你还不知道，你跟他们之间存在着许多可以"合作"的地方。看到事情的本质，才能真的推动，而不是退缩。

　　毕竟，柔软且坚定，在问题出现之前将其化解于无形，才是真正厉害。

三

　　2016 年 9 月，我辞职创立了女性自媒体 Momself。因为想把我的这套理念传递给更多的女性，特别是成为妈妈之后的女性。辞职的过程并不轻松，要与曾经深爱着的团队告别，要开启一段我从未经历过的旅程——每一个动作都让我流过眼泪。但我心里清楚，不会回头，因为我看到了更宽的生命边界。当我认出我的梦想时，我有能力伸手去接住它。这种能力，在过去的每一天里，我都在储备，通过一种叫作"管理"的办法。

　　创立 Momself 没多久，有天晚上，我做了一个梦。

　　梦里我回到青岛的姥姥家——我从小长大的地方。阳台上有一个玻璃器皿，干涩的土壤中有一粒白色的种子，柔柔弱弱地埋藏着。我问舅舅："怎么不给它浇水啊？"舅舅说："什么啊？没有东西啊。"

　　我拿起身边的一杯水，走过去，倒入土中。令我惊讶的一幕发生了，在水接触土的一瞬间，那颗白色的种子喷薄而出，挺身抽芽，以肉眼可见的速度生长，直至长到我的鼻尖处。我目瞪口呆。

直到今天，我回想这个梦，还能感觉到当时的震惊。

毕竟，我们这一生，最大的幸运，不是别的，而是遇见更好的自己。